OHSAMA BUNKO

伊勢の陰陽師が教える
「開運」の作法

一宮寿山

三笠書房

はじめに……伊勢の陰陽師が教える「招福のコツ」が満載の本

みなさん、初めまして。一宮寿山《いちのみやじゆざん》と申します。

伊勢国《いせのくに》（三重県）に住む「仙術家」として、陰陽道《おんみようどう》や神仙術の講習会を開催する他、占いや開運アドバイスを行ない、みなさまを幸せに導くお手伝いをしています。

伊勢という地は、天照大御神《あまてらすおおみかみ》をお祀《まつ》りする「神宮」（いわゆる伊勢神宮）をはじめ、猿田彦《さるたひこ》神社、二見興玉《ふたみおきたま》神社、椿大神社《つばきおおかみやしろ》など、由緒ある神社が目白押しの聖地です。

私はこの伊勢という地で、日々、陰陽道の研究に邁進《まいしん》しています。時には断食や加持祈祷《かじきとう》、またパワースポットとしても知られる「天《あま》の岩戸禊滝《いわとみそぎたき》」で滝行を行なうなどし、日々、心身を清らかに磨くための修行に励んでいます。

ちなみに天の岩戸禊滝は、伊勢の隣町、志摩《しま》にそびえる朝熊ケ岳《あさまがたけ》にあります。伊勢神宮の別宮である伊雑宮《いざわのみや》の社叢《しやそう》（神社の森）の奥、といえば、わかりやすいかもしれませんね。この滝場に流れる水は非常に清らかで、「名水百選」に選ばれているほどです。


そんな私の実家は、神奈川県小田原市の山の奥にあります。

源氏と平氏が初めて兵刃《へいじん》を交えた「石橋山の合戦」で有名な「石橋山」と、豊臣秀吉が小田原城を攻める時に酒盛りをした「石垣山一夜城」で有名な「石垣山」に囲まれた場所といえば、歴史好きの方なら、わかるでしょうか。

この二つの有名な古戦場に囲まれた、周りに家が一軒もない「山のてっぺん」、そこが私の実家です。


ですから、まさか関東を離れ、三重に住むとは考えてもいませんでした。勤めている研究所が三重県にあるのが大きな要因ですが、ものごとは三千の諸要因がそろって初めて果を結ぶといわれています。二千九百九十九個の伊勢とのご縁が前世からあったのかもしれない、とも思います。

さて、山の中で育った幼い頃の私にとっては、自然が友だちでした。

祖父母の山菜摘みや、ヨモギを摘んでの草餅づくりを手伝うことはもちろん、薬草系の植物を採集しては漢方学の書物と首っ引きになるなど、小さな植物博士のような子どもでした。

また、古戦場の近くという場所柄もあるでしょうか、夜中に白装束を着た長い髪の女性を見るなどの、いわゆる霊体験も幼い頃から少なからずあり、「目には見えない世界」への探究心が自然と培《つちか》われていきました。

こうした山の中での生活と経験が、現在の私の活動の「全ての始まり」だったのではないかと思っています。

現在でも、この実家には私の「道場」があり、種々の薬草を育てている他、年末年始には精進潔斎《しょうじんけっさい》して一週間の断食を行ない、一年間の招福を祈る古神道《こしんとう》由来の護符《ごふ》をしたためています。

この本では、そうした私が知り得た、人生を今より何倍も楽しむための**「開運の作法」**を紹介していきます。

読者のみなさまの招福に役立てていただければ幸いです。

もくじ

1章

「陰陽道」とは何なのか
――「運気」は波の数ほどあなたに押し寄せている

2章

「邪気」は人に何をもたらすのか
――「感情」と「運気」の不思議な関係

3章

古神道の「お祓い」で運気を守る
――「邪気」を退治する方法

4章

「神仏のお告げ」をどう受け取るか
――人生のあらゆる危機に備える方法

5章

「浄化」と「招福」を約束する生活習慣
——試してみるごとに、心もスッキリ！

編集協力……宇都宮ゆう子

1章

「陰陽道」とは何なのか

――「運気」は波の数ほどあなたに押し寄せている

1 私と陰陽道との「不思議な出会い」

「はじめに」にも書いた通り、私は小田原の田舎で生まれ育ちました。

小田原というと城下町のイメージを抱く方も多いでしょうが、私の実家は近隣には家一軒もない山の中です。そのため、幼少期の私は「草花が友だち」でした。

祖父母が植物に詳しかったこともあり、中学生になる頃には、薬草や食草、毒草などは一目で見分けられるようになるほど、多くの知識を吸収していきました。

祖父は、多様なジャンルの古文書や専門書を所蔵していました。

そうした古文書、専門書の中でも、特に「東洋医学」に関する書籍に、私は強く興味を引かれました。

そのため、子どもの頃の将来の夢は「漢方薬の薬剤師」でした（「漢方」とは奈良時代に中国からもたらされ、日本で発展した薬草療法のことです）。

私は〝独自の研究〟に、かなりのめり込んでいました。

中学生の時には、自宅の広い敷地内に「研究所」なる小さなプレハブ小屋を親に建ててもらったほどで、〝研究〟や読書に熱中すると時間を忘れ、そのプレハブ小屋に泊まって本を読みあさることもしばしばでした。

ちなみに「東洋医学」とは、薬草療法をはじめ、鍼灸《しんきゅう》や按摩《あんま》、気功など、中国由来の医学を指します。長い歴史を持つだけに、知るべきこと、知りたいことは山のようにありました。

五行思想と「天の意志」とは

さて、この「東洋医学」ですが、**陰陽五行《いんようごぎょう》の思想**が深く組み込まれています。

陰陽五行とは、その名の通り、森羅《しんら》万象《ばんしょう》を、「陰」と「陽」の二面から見た

「陰陽思想」と、「木《もく》・火《か》・土《ど》・金《ごん》・水《すい》」の五つの要素に分類した「五行思想」が組み合わさったもので、そこには「天の意志」が組み込まれているとされています。そして、ものごとが平穏であるためには、「陰陽五行」のバランスが取れている必要があるとされるのです。

人間の体内にしても、「陰陽五行」がバランスよく釣り合い続けていると、健康で長生きできるとされ、いずれかが偏《かたよ》ると「病気」になると考えます。

病気とは、「気を痛めた結果、生じるもの」というのが、東洋医学の考え方なのです。

「五臓六腑《ごぞうろっぷ》」という言葉がありますが、肺、心臓、脾《ひ》臓、肝臓、腎臓の五臓は「陰」の性質を、大腸、小腸、胃、胆《きも》、膀胱《ぼうこう》、三焦《さんしょう》の六腑は「陽」の性質を持つといわれています（三焦は、西洋医学における特定の臓器には対応していませんが、リンパ管のようなものと考えられています）。

また、この五臓六腑はそれぞれ「五行」にも分類され、弱っている部分に活力を与えるためにはどうすべきか、「五行」の考え方を用いて調整していきます。弱った部分を鍼《はり》やお灸を用いてサポートし、整えるのが鍼灸師、薬によって修復を試みるのが、漢方医であり、漢方薬なのです。

そして、「漢方薬の薬剤師」に憧れていた私がなぜ、今、「伊勢の陰陽師」を名乗っているのか。それは、漢方を学ぶ上でベースとなっている「陰陽五行」について知識を深めていった結果、「陰陽道」を修めることになっていった、というのが最も大きな理由です。

漢方の知識を深めていくうちに、

「人間とはどう生きるべきか」

「何が人間にとって幸せなのか」

といったテーマについて、陰陽五行をベースに追究するようになるのに、さほど時間はかかりませんでした。

2 陰陽道とは「科学」である

私は**「伊勢の陰陽師」**を名乗りながら、工学博士号を持ち、とある企業で半導体の研究をしています。そんな私が「陰陽道」にはまった理由は、「陰陽学」というものが実に科学的である、ということが大きいのかもしれません。

「陰陽道」と聞くと、多くの人が平安時代に活躍した稀代《きだい》の陰陽師**「安倍晴明《あべのせいめい》」**を連想されることでしょう。

映画や小説に登場する安倍晴明は、式神《しきがみ》（陰陽師の命令に従って変幻自在に不思議なわざをなす精霊）や符呪《ふじゅ》（まじない）を巧みに使い、鬼神や妖怪などを退治しますが、実際のところ陰陽師とは、このような「化け物退治」を生業《なりわい》にしていたわけではありません。

当時、都にあった「陰陽寮《おんようりょう》」という役所に勤め、陰陽五行をもとに天体を観測して天意を読み解き、国家的な災異などを占い、暦《こよみ》に落とし込むという仕事に従事していました。

つまり陰陽師とは、天体観測や自然観察で知り得た情報をベースに暦をつくり、時刻を設定し、自然科学に統計学を組み合わせて治世に役立てる職務に当たる、今でいう「国家公務員」だったのです。

平安時代の「最先端科学」を操った安倍晴明

平安時代、「陰陽五行」の考え方は最先端の科学で、「陰陽寮」は朝廷内の正式な官庁の一つでした。トップの「陰陽頭《おんようのかみ》」の下に、「占筮《せんぜい》」などを主とする陰陽師が六人、陰陽道を教授する「陰陽博士」が一人、陰陽五行に基づいた暦をつくる「暦《れき》博士」が一人、天体や気象を観測し、異変などを報告する「天文博士」が一人、そして水時計を用いて時間を管理する「漏刻《ろうこく》博士」が一人、という構成になっていたようです。

晴明は「天文博士」でしたが、彼は様々な知識と行動力を備えた、実に有能な陰陽師でした。

『真如堂縁起絵巻《しんにょどうえんぎえまき》』には、病死した晴明が閻魔大王《えんまだいおう》の元へ引き出された時、晴明が信心していた念持仏《ねんじぶつ》の不動明王がわざわざ閻魔大王の元に出向き、

「この者は、難病に侵されて命を落としたが、寿命が尽きたわけではない。現世に返してほしい」

と命乞いし、蘇生させた、という伝説もあるほどです。

晴明は最終的には「従四位下《じゅしいげ》の左京権大夫《さきょうのごんのだいぶ》」という、陰陽寮のトップよりも上の位に就いたようで、彼が活躍したとされる藤原道長《みちなが》の時代には、陰陽寮には所

属していなかったともいわれています。

「陰陽寮」は、天武《てんむ》天皇の六七六年に開設されたともされますが、史料が残っておらず、その具体的な内容は不明です。ただ、七〇一年に制定された『大宝律令《たいほうりつりょう》』では「陰陽寮」の存在が確認されますので、明治三（一八七〇）年に政府に廃止されるまで、少なくとも実に一一六九年間以上も存在してきました。

日本が長い歴史の中で、これまで他国から侵略されることもなく続いてこられたのは、この「陰陽寮」の存在も大きいのではないかと、私はひそかに思っています。

3 「天の意志」を知るための方法論

陰陽道は「科学」に基づくとはいえ、陰陽師にいわゆるオカルト的、非現実的な要素がないわけではありません。

その一つに、「式神」が挙げられるでしょう。

小説やマンガの世界では、式神は主人の命を受け、様々な動物に変化《へんげ》して敵を攻撃したり、主人に成り代わったり、お使いまでしてみせたりします。

およそ信じ難い世界ですが、たとえば『宇治拾遺物語《うじしゅういものがたり》』には、「巻十一（一二七）晴明かへる殺事《ころすこと》」という話が収録されています。

それによると、「式神を使って、カエルを殺すことはできるか」という僧侶の問いに対し、安倍晴明は躊躇《ちゅうちょ》しながらも草葉一枚でカエルを圧死させた、というのです。

さらに、「誰もいないのに蔀《しとみ》を開け閉めし、門を閉ざす」といったことも式神を用いて行なっています。

『今昔物語集《こんじゃくものがたりしゅう》』にも同様の話が掲載されています。

実は陰陽道からすると、この「式神」は荒唐無稽《こうとうむけい》な話ではありません。

式神は「呪術」という目的で発展していったように思います。また、平安時代独特の〝不安定な時代の空気〟の中だからこそ活きた術ではないかとも感じています。ですから、現代を生きる私は、こうした術を用いることはありません。

陰陽師の占いとは「統計学」

また、陰陽師という職の要《かなめ》でもあった「占い」も、オカルト的な色合いを添えているかもしれません。

しかし、私は**「占い」は統計学の一種**でもあり、やり方によっては「天」の意志が宿るのではないかと思っています。

陰陽師たちが用いた占いは、大きく四つあります。

一つが、「六壬式盤《りくじんちょくばん》」などを用いた**「式占《しきせん》」**です。六壬式盤については、安倍晴明もその著書『占事略決《せんじりゃっけつ》』で、使い方などを解説しています。

陰陽五行の知識を結集させたような式盤で、晴明も好んで用いていたようです。

もちろん、他の陰陽師たちも鑑定によく用いていました。

簡単に説明すると、占いたい事柄の発端となった月日と時刻をもとに、式盤を用いて神課（ご神託）を求めるのですが、非常に複雑なのが難点です。

二つ目が**「易占《えきせん》」**です。これは、筮竹《ぜいちく》を用いて「八卦《はっけ》」という陰陽の組み合わせをチェックするものです。ベースとなるのは、現代でも哲学書としても知られる『易経《えききょう》』で、三千五百～四千年の歴史を持つといわれています。

残りの二つの占いは、その日の太陽や月の位置、状態からものごとのよし悪しを判別する**「暦占《れきせん》」**、星の巡りと気象によって天意を推し量る**「天文占《てんもんせん》」**です。

現代にも息づく風水術、護符、呪詛

私は、これらの占いを一通り学びました。

しかし、普段はあまり用いません。信憑性《しんぴょうせい》のあるなしが理由ではありません。現代で活用するには、どれも少し複雑だったり、鑑定結果が物足りなかったりするように感じるからです。

もともとこれらの占いは、個人の事柄ではなく、朝廷の政《まつりごと》といった国を左右する事柄に関して用いられていた、という性格があるからかもしれません。

ちなみに私は、**「天津《あまつ》金木《かなぎ》占術《せんじゅつ》」**を好んで用いています。天津《あまつ》菅曾《すがそ》というメドハギ（マメ科の多年草）からつくった筮竹を用いて出た「象《しょう》」を読み解くというもので、こちらは**古神道の流れ**をくみます。

「天津金木占術」は、長年研究を重ねた結果、二〇〇五年に壽山神法道院（現・壽山仙療院）を設立すると同時に、恐らく私が日本で初めて、講習会で紹介をさせていただきました。詳しくはまた、別の機会に書いてみたいと思います。

そして、風水術や方位術、護符や呪文による、様々な**呪詛**《じゅそ》や**呪詛返し**も、陰陽師たちが用いてきた術でした。

これらの中には、現代に息づいているものもありますね。

本書では、陰陽師が用いてきたこうした技術の中から、現代を生きる私たちの日常生活で活用しやすいものも抜粋しながら、お伝えしていきたいと思います。

4 「気づいたら運がよくなっている」を叶える教え

「陰陽道」は様々な知恵の宝庫ですが、こと「開運」というテーマでみると、私が最も重視しているのが「五行」です。

もともと漢方に興味があって東洋思想にのめり込んだ、という経緯もありますが、五行には日常生活はもちろん、人づき合いにも活かせる様々な知恵が眠っているからです。

繰り返しますが、五行とは、万物は「木」「火」「土」「金」「水」の五つの要素で成り立っているという考え方です。

これは人間にも当てはまります。専用の判定表に自分の生年月日を落とし込み、自分の五行を知る方法では、「四柱推命《しちゅうすいめい》」や「九星気学《きゅうせいきがく》」「算命学《さんめいがく》」と呼ばれる占いが有名ですね。

「五行相生」と「五行相剋」とは

「木」「火」「土」「金」「水」それぞれのイメージを紹介します。


「木」……樹木がすくすくと育っている様子。季節なら春、色なら緑となります。

「火」……燃えさかる火。季節は夏、色は赤です。

「土」……大地。植物を芽吹かせ、一方で腐らせる「創造と破壊」の両側面を持ちます。あらゆるものを包み込んでくれる大きなものです。季節は土用《どよう》、色は黄色です。

「金」……シャープな金属。季節は秋、色は白です。

「水」……柔軟で時に雄々しく流れるエネルギー。季節は冬、色は黒です。

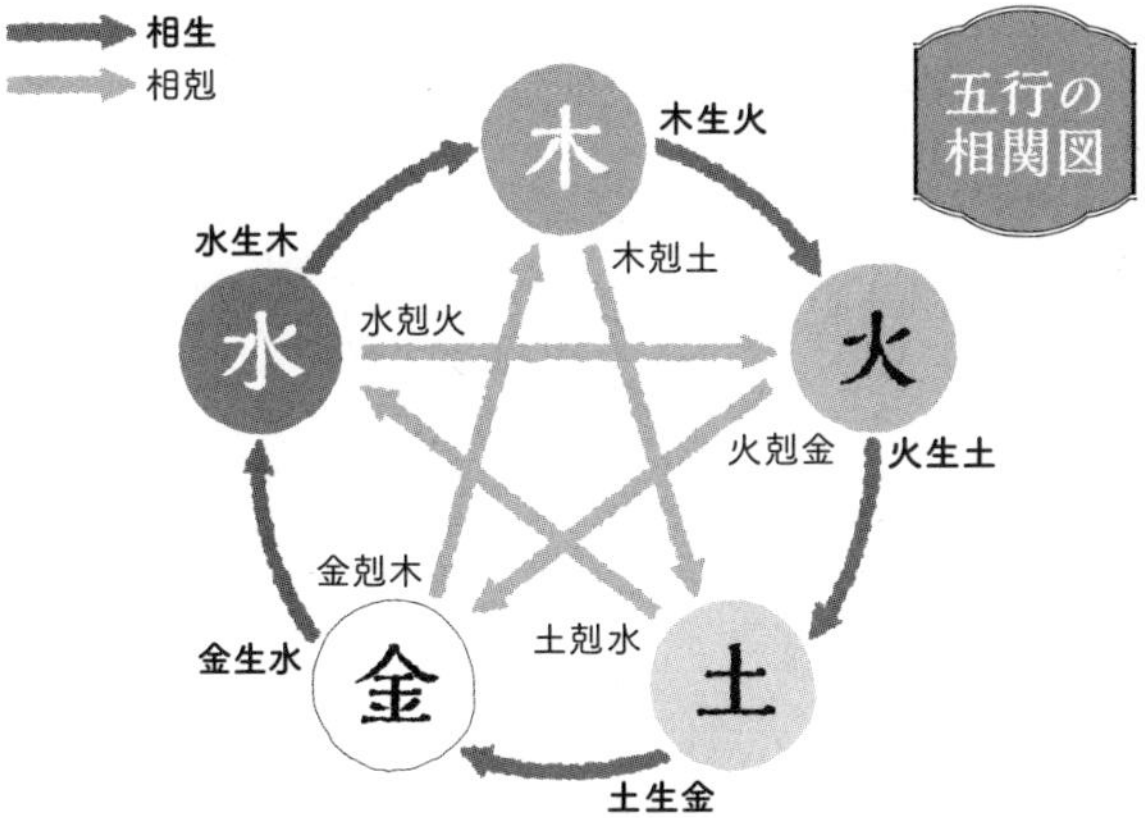

五行の相関図

この五つの要素は互いが互いを活かし合い（相生《そうしょう》）、そして悪影響を及ぼす（相剋《そうこく》）という関係にもあります。

たとえば、**「五行相生の関係」**は、順に活かし合う関係です。

木は燃えて火を生み（木生火《もくしょうか》）、火で燃やしたものは土を生みます（火生土）。土はその内部で金属を生み（土生金）、磨かれた金属の表面には水が浮かびます（金生水）。そして水は植物を育てます（水生木）。

一方、**「五行相剋の関係」**になると、相手を剋《こく》する、つまり、利用し、時に打ち勝（剋）ってしまいます。

木は土の養分を吸い取り（木剋土《もっこくど》）、土は水をせき止めます（土剋水）。水は火を消し（水剋火）、火は金属を溶かします（火剋金）。そして、金属は木を切り倒します（金剋木）。

つまり、**運気をアップしたければ、自分の五行に当たるものを意識的に活用し、補助的に相生に当たる五行のグッズを利用すればいい**のです。そして、自分の五行を相剋するものは避けることです。

もちろん、この関係は一概にはいえません。

人間関係でいえば、「五行相生の関係」も行き過ぎると、相手をダメにしたりダメにされたりするでしょうし、「五行相剋の関係」も、うまくいけばビジネスなどにおいては、いいパートナーになるでしょう。「全てはバランス」ですね。

自分の五行ですが、「九星気学」で調べてみてください。それぞれの九星は以下のように配当されます。

「木」……三碧《さんぺき》木星、四緑《しろく》木星
「火」……九紫《きゅうし》火星

「土」……八白《はっぱく》土星、五黄《ごおう》土星、二黒《じこく》土星
「金」……六白《ろっぱく》金星、七赤《しちせき》金星
「水」……一白《いっぱく》水星

また、人相学で五行を割り出す方法もあります。詳しくは林秀静著『運の善し悪しは「顔」で決まる！』（日本実業出版社）などをご参照ください。

ちなみに、私が様々な場面に役立てているのは、**「神様の五行配当」**です。実は、神様を、この五行に当てはめることができるのです。

◇神様の五行配当

「木」……天神は「宇比地邇神《うひぢにのかみ》」、地神は「久久能智神《くくのちのかみ》」。

「火」……天神は「豊雲野神《とよくものかみ》」、地神は「迦具土神《かぐつちのかみ》」。

「土」……天神は「於母陀流神《おもだるのかみ》」、地神は「波邇夜須毘売神《はにやすびめのかみ》」。

「金」……天神は「意富斗能地神《おほとのじのかみ》」、地神は「金山毘古神《かなやまびこのかみ》」。

「水」……天神は「国之狭土神《くにのさづちのかみ》」、地神は「彌都波能売神《みつはのめのかみ》」。

「天神」とは、天照大御神がいらっしゃる高天原《たかまのはら》の神様、「地神」とは、天孫降臨による「国譲り」よりも前から日本を守ってきたとされる土着の神様を指します。天津神《あまつかみ》、国津神《くにつかみ》とも称しますね。

身近な人が「調子が悪い」という時、お守りを贈る人もいらっしゃると思います。「神様の五行」を知っておくと、相手の運気を上げる神様がわかり、お守りを選ぶ際の参考になるのではないでしょうか。もちろんご自身も、前記した神様が鎮座されている神社にお参りするとよいでしょう。

他にも、五行配当を紹介します。

◇場所の五行配当

「木」……見晴らしのいいところ、書店、図書館

「火」……楽しいところ

「土」……山、高原、海外
「金」……ドキドキするところ、カラオケの店
「水」……水族館、温泉、スパ

◇アクセサリーの五行配当

「木」……菩《ぼ》提樹《だいじゅ》ブレスレット、木製のもの、ナチュラルなもの
「火」……プラスチック、華やかなもの、ゴージャスなもの
「土」……陶器、セラミック製のもの
「金」……金属、銀製品、真珠、スパンコール
「水」……ガラス、水晶

◇趣味の五行配当

「木」……読書、手芸、華道、香道、パラグライダー
「火」……映画、芸術、芸能、料理、カラオケ

「土」……陶芸、園芸、登山、ゴルフ、テニス、海外旅行
「金」……楽器、IT系のもの、ドライブ、音楽
「水」……水泳、温泉、スパ、マリンスポーツ

これは壽山仙療院流の秘伝ですが、これらの開運グッズは、実は二つ備えないと意味がありません。漢方でよく使われる「二味《にみ》配合」という方法で、つまりメインに自分の五行のものを持ち、追加でその五行が相剋するものも持つようにするのです。

つまり、あなたが「木」の属性の人であれば、「木」の要素を持つ菩提樹のブレスレットに、「土」の属性を持つセラミック製のチャームがついたネックレスを合わせる、といった具合にです。

休日を過ごすなら、「木」の属性である読書をした後は、「土」の属性であるテニスやゴルフを楽しむのもいいかもしれません。

日々の開運生活に活かしていただければ幸いです。

5

「言霊」――話す言葉が運気を決める

私は、精神世界や神秘的な世界を探究する過程で、密教にのめり込んだこともあります。

仏や菩薩《ぼさつ》の悟りの世界を象徴的に表わすとされる曼荼羅《まんだら》を研究したり、多様な法具を取り寄せたりもしました。今でも小田原の道場で護摩《ごま》を焚《た》き、祈禱することもあります。宿曜法《すくようほう》（平安時代に空海らが唐からもたらした占星術）は一通りできますし、必要があれば「印《いん》」（密教の「三密」の一つ。両手の指をさまざまに組み合わせ、宗教的理念を象徴的に表現する）を結びます。

その他にも、一九八一年から八七年にかけてインドに赴《おもむ》き、さまざまな修行をしていました。また、「エリクソン催眠誘導術」を用いて「過去世」や「未来世」を観る催眠セラピーを日本でいち早く取り入れ、「日本催眠誘導協会」を設立してもいます。

いずれも、素晴らしい学びを得ることができましたが、そんな私が今、深い信頼をおき、さらに学びを深めようと取り組んでいるのは、もともとの出発点だった**「陰陽五行の思想」**、そして、日本古来の**「古神道」**なのです。

では、「古神道」とは何でしょうか。

それは、仏教、儒教《じゆきよう》、道教などの外来宗教（思想）の影響を受ける以前の神道のこと。『古事記』や『日本書紀』、『万葉集』などからうかがい知れる**「古代日本に確かに存在した知恵」**であり、**「未知のパワーを実感させられる技」**なのです。

「宇宙を統べる神様」から発信されていること

たとえば**「言霊《ことだま》」**などが、そのよい例でしょう。

現在、私は開運術として、「今日のことだま」と題したブログを毎日、更新しています。

日本は「言霊の国」です。一度、口から発せられた言葉は魂を宿し、その人のその後の運勢・吉凶を左右します。宇宙を統《す》べる神様も、毎日異なる言霊を発信しており、その言霊に我々の運勢は大きく影響を受ける、と考えられています。

また、私は後に紹介する、「折り、結び、包み」による「折符《おりふ》」や「護符」からも、数々のエネルギーを与えられてきました（112ページ参照）。

とはいえ、これらをわかりやすく解説するには、かなりの紙幅が必要です。

そこで次章から、古神道で「開運を妨げるもの」とされる「邪気」について取り上げ、独自の学びから得た、その解消法を紹介していきましょう。

コラム 1

「神様の啓示」をキャッチする方法

私たちの平均寿命を日数に直すと、どれくらいでしょうか。

だいたい、三万日。

「え？　それだけしかないの!?」

と、感じた方、残念ですが私たちは約三万日しか生きられないのです。ちょっとネガティブな考えですが、私たちの人生は毎日、死へのカウントダウンを行なっているのです。一日ごとに数が減っていくのです。

私などは、五十年以上も生きてしまったので、もうざっと一万日程度しか残っていません。もちろん人間の寿命は人によって違いますが、こう考えると一日一日を大切に生きなくてはと、思わずにはいられませんよね。

大切に生きるとは、今、この刹那《せつな》の瞬間瞬間を充実させるということ。「生きている」と感じられるのは、今のこの瞬間だけです。

たとえば、私は、幼い頃から注射が苦手です。小学生の頃は、予防接種の三日前から注射への恐怖に満ちた三日間を過ごしていました。

これは、「もったいない生き方」の典型です。本当に心配すればいいのは、注射器の針が腕に刺さっている数秒間だけなのですから。この数秒のために七十二時間も無駄な心配をしていたことになります。

心配しているとは、まだ来ていない未来を憂えているということ。意識は未来に行っていて、今を生きているとはいえません。

近代心理学の重鎮、ミルトン・エリクソン博士は、「人は過去、現在、未来の三つの痛みを感じているので、三倍苦しんでいることになる」という言葉を残しています。

本当の痛みは、現在の痛みだけ。過去はもう過ぎ去って存在しないものだし、未来もまだ存在していないのですから。今、感じている痛みは、実際の三分の一の痛みにすぎないのです。

「不安」とは実体のない幻です。今、不安を感じていても、それは「未来に起こるかもしれないこと」で、今、存在している現実ではありません。

もし不安が的中したとしても、その時は対応するのに精いっぱいで、「不安」を感じている暇はないはずです。つまり、不安で悩むことは無意味なのです。

今、何をすれば、幸せな気持ちになれるかを考え、その気持ちを積み重ねることができれば、一日が終わる夜、

「ああ、今日も幸せな一日だったな」

と、眠りにつくことができるはずです。

頭の中から、「過去と未来の悩み」という雑音を消し去ると、**「神様の啓示」**が直感として聞こえてきます。そして、ただそれに従って生きていれば、素敵なことしか起きません。

今を実感して生きましょうね。

2章

「邪気」は人に何をもたらすのか

――「感情」と「運気」の不思議な関係

1　何ごとも「順調に運ぶ人」の秘密

世の中には、二通りのタイプの人間がいます。

まずは、ものごとが順調に進み、自分の行動に全く迷いがないタイプ。周囲から、

「あの人は幸せそう」

という目で見られていて、「いいこと」がたて続けに起こり、幸せを満喫している人。

かたや、何をやってもうまくいかないタイプ。思うように事が進まず、何かしらのトラブルを抱えていて、

「なぜ、私ばっかり……」

と言うのが口癖になっているようなタイプの人です。

この違いは、いったい、どこから生まれるのでしょうか。

それは、**「運気」を上手に取り込めているか**否かから生じるのです。

「運気の流れ」を感受するコツ

「運気」は本来、神仏や宇宙から皆に平等に与えられています。それも海の「波」の回数だけ、または、その人の呼吸の回数だけ流れて来ているといわれています。

天は一日でそれほど膨大なチャンスとよいアイデアを、我々に与えてくれているということになります。

それなのに、「幸せ」の状態に差異があるのはなぜか。

それは、体に「運気」が流れ込んで来るのを、**「邪気」と呼ばれる「気」のバリア**が邪魔しているからです。「運気」が入って来ないのだから、「幸せ」が遠のくのも当然です。

「近頃、いいことが全然起こらない」

と思う方は、もしかすると「邪気」が体にまとわり付いていて、少しばかり「不運体質」の方に偏っているのかもしれません。

逆に「邪気」がないクリアな状態だと、自分が「いいな」と思うものにすぐに飛びつくことができます。その結果、たくさんの「いいもの」を手にすることができるのです。

今のみなさんは、「いいこと」「チャンス」を次々に手にできているでしょうか。

「もちろん!」

と、自信を持って答えられる方は素晴らしいですね。

一方で、

「運が悪いとは思わないけれど、そうそう運がいいわけでもない」

と思う方もいらっしゃるでしょう。

でもご安心ください。

「肥満体質」も「虚弱体質」も、規則正しい生活や、きちんとした食事、適度な運動を行なうことで改善が可能なように、今はうまく運気を取り込めていない方でも、きちんと対処すれば、必ず**「開運体質」**になれるのですから。

2 「感情」があなたの運気を司っている

前項で、運気を下げるのは、「邪気」が原因だと書きました。

では一体、何が「邪気」を生み出すのでしょうか。

「幽霊とか、お化けのたぐい？」

と思われる方もいらっしゃるでしょう。


しかし、ここでいう「邪気」とは、決してオカルトチックな意味合いを持ちません。**東洋医学的にいうと、邪気とは「喜怒哀楽が過ぎたもの」**。

つまり根源は喜びや哀しみや怒り、楽しいという感情です。それらの度が過ぎて激しくなってしまうと、「邪気」というネガティブなエネルギーに変化するのです。

「なーんだ」

と思われるかもしれません。しかし、これらの**感情は「あなたの運気を司《つかさど》っている」**といっても過言ではありません。

「怒り」ほど邪気を生むものはない

まず紹介したいのが、最も「邪気」を生む感情、**「怒り」**についてです。

自分が何かに、とてつもなく腹を立てている状況を思い浮かべてみてください。

腹を立てている時、誰かに、

「コーヒーをおごってあげようか？」

「あなたが探していた雑貨、近所のお店でセールしてたよ」

「あの子、キミに気があるらしいよ」

などと言われても、〝ラッキー〟だとは思わないでしょう。

それどころか、

「余計なお世話だ」

「うるさい、放っておいてくれ」

と、声をかけてきた人を忌々《いまいま》しく感じるのではないでしょうか。

それは、あなたがこの時、「怒り」の邪気にまみれているからです。


「怒り」は、人からの影響を受けやすい「気」でもあります。

たとえば、電車が遅れている駅のホームで、

「遅刻してしまうだろ。どうしてくれるんだ！」

と、駅員さんに対して怒鳴りまくっている人を見たことはないでしょうか。

もちろん、混雑していくホームや、なかなか到着しない電車に対して、誰しも怒りを覚えてしまうことがあるかもしれません。

しかし、「怒っても仕方がないこと」に怒りをあらわにしている人を見ていると、電車が来ないことに対するイライラが、さらに募ってきませんか。

邪気は伝染します。自分は怒っていなくても、怒りで我を忘れている人のそばにいると、その怒りを受け、マイナスの感情に引きずられやすくなります。

私の知人に「最近、いいことが全くない。とにかく会社を辞めたい」という言葉を、常に口にする人がいます。この友人は、とある企業の広報部に所属しているのですが、上司が下請けの業者さんに対して、些細なことで怒鳴りつけ、聞いている方がツライのだとか。そして、

「上司の怒鳴り声が大きくて、耳鳴りがする。業者の担当者もコロコロ替わるし、とにかくしんどい」

と、いつもため息をついています。

怒鳴る上司はネガティブなエネルギーを発散して、スッキリしていることでしょうが、口から出た邪気は、消えてなくなることはありません。かならずその場

にいる誰かがもらっています。その受け皿になってしまった友人が、「幸せ」を感じられないのも当然です。

相手の「悪感情」に巻き込まれないコツ

では、人から「激しい感情」という邪気を撒《ま》き散らされた場合は、どうしたらいいのか。そんな時は、

「この人は仕方がないよね」

「かわいそうな人ね」

と、**「慈愛の心」で受け流す**こと、そして、**「自分の中に相手の感情を入れない」**ことが一番です。

というのも、自分がコントロールできないほどの感情を爆発させている人は、だいたい**「邪鬼」**という、邪気がさらに発展した存在に取り憑《つ》かれているからです。

3 「邪気」は溜まると、「邪鬼」になる

あなたの周りに、仕事でもプライベートでも、ピンチの状態になると「怒りの沸点《ふってん》」が極めて低くなり、周囲に当たり散らす人はいないでしょうか。

そして、難局が去ると、人が変わったように、

「あの時はごめんね」

と、謝ってくる……。

人は「邪鬼」に操られると、まさに〝人が変わった〟状態になります。そして、この「邪鬼」は、「邪気」が積もり積もった結果、誕生します。

たとえば、ＤＶ（ドメスティック・バイオレンス）などは、「怒りの邪鬼」の典型的な例です。ＤＶの自覚のある人から聞いた話では、

「怒りのスイッチが入ると、我を忘れてしまう」

のだそうです。とにかく相手が憎くてたまらなくなり、暴言や暴力といった行為に出てしまう。感情を爆発させてしまわないと、攻撃性が収まらないのだそうです。

しかし、ふと我に返ると、自分がした行為に驚き、傷つけた相手に対して申し訳なく思う。こういう人に限って「ごめんなさい」と何度も謝るのはそのためで、その時は二度としないと固く心に誓うのだそうです。

自分の中にいる「別人格」

なぜ、こういう現象が起こるのか。それは先にも書きましたが、「邪鬼」は、喜怒哀楽のいずれかの感情が積もりに積もり、抑圧されてきた結果生まれた「別

の人格」だからです。

そのため、こうした「邪鬼」に取り憑かれている人に対しては、その感情を正面から受け止めてはいけません。

「あんなに怒って大変だな」

などと、まずは受け流すこと。そして、**自分の体の周りを清浄な「気」でつくったバリアで包み込む様子をイメージ**することです。

さらに私は、「邪気を受けたな」と感じると「飛んで来る怒りの邪気をはじき、水に流す様子」を頭の中でイメージする、という方法もとっています。

これは、昔見たテレビ番組で同様の特集をしていた時に紹介されていたセラピー法です。私の記憶では、「怒りの対象」を葉っぱでくるむ、もしくは袋に入れてしまい、それを勢いのある川に流すというものでした。

そして、その葉っぱが川の下流の先まで流れて行ってしまい、最後に消えてしまうところまでイメージします。

すると、不思議なくらいスッキリと、ダメージが消えるのです。

もっとも、「自分のミスが原因だ」という自覚があるなら、相手に反省の態度を示し、改めましょう。自分の落ち度で叱られているにもかかわらず、それを「邪鬼」のせいにしていたら、双方にとって不幸です。

もし、自分が邪鬼に取り憑かれているという自覚のある人であれば、自分の幸運はこの「別人格」に妨げられていると、すでに自覚していることでしょう。

実はこの「邪鬼」、セーブの仕方がないわけではありません。

一番の方法は、**邪鬼の性質を見極め、対話をすること**です。

酔うと暴れてしまうのなら、

「お前が普段、何かと我慢しているのはわかるけど、今日は暴れないでおこうな。その代わり、カラオケで発散させてやるよ」

と、時間のある時にでも「一人カラオケ」に行き、大声で歌う、といった具合になだめすかすのです。

また、あなたがハンドルを握ると性格が変わってしまうスピード狂であるなら、

「実車ではやめよう、ゲームでならいいよ」と、ゲームセンターや自宅で、思う存分、スピード感を堪能できるゲームをやってみてはどうでしょうか。

何にせよ、対話をし、「代替案《だいたい》」を口に出して実行してやると、邪鬼の力は弱まってくれるはずです。

普段の自分の姿勢も重要です。

そもそも「怒り」とは、体内でノルアドレナリンが過剰分泌され、血管が収縮して心拍数が上がり、その結果、攻撃的になることによって起こる感情です。

この、ノルアドレナリンによる「怒りのピーク」は六秒なのだそうです。さらに、ノルアドレナリンが血中に存在しているのも数分程度だといいます。

したがって、カッとなったという程度の出来事なら、まずは六秒間だけ、怒りを我慢する習慣をつけましょう。

我慢できずに怒鳴り声をあげてしまうと、自分の声に刺激されて怒りの連鎖が始まり、怒りが止まらなくなってしまいます。

六秒間、我慢をしてもなお、怒りが収まらないのなら、思いのまま感情をぶちまけるのではなく、自分の中の「怒りの邪気」を自覚しながら、相手と接してみてください。周囲の反応も変わるはずです。

4 「哀しみ」は、祓いやすい感情

「哀しみ」の感情も邪気へと変化します。

泣ける映画を観て「くすん」と涙する程度は問題ありません。しかし、愛する人やペットなどとの別れが原因で、部屋に引きこもってしまっている――。

このような場合は、過剰な「哀しみ」の感情がその人を覆ってしまっています。

ただ、**哀しみは、祓《はら》いやすい感情**でもあります。

後ほど紹介する「水の祓い」という、日本古来のお祓い法の項でも詳しく述べますが（106ページ参照）、「哀しみの邪気」は、この「水の祓い」の一種である「涙」によって、流し落とすことができるからです。

「ペットを亡くして落ち込んじゃったけど、一晩泣いたら、スッキリした」

「彼氏に振られてご飯も食べられなかったけど、泣ける映画を観て思いっきり涙を流したら、おなかが空いてきた」

といった話をよく聞きますが、これは**涙によって、「哀しみの邪気」が祓われた**という、典型例といえるでしょう。

しかし、「泣いてスッキリする」くらいでは祓えないほど「哀しみの感情」が強くなると問題です。

ペットを亡くし、うつ病を発症した友人がいます。十数年も一緒にいたミニチュアダックスフンドで、どこに行くにも一緒。寝食を共にする、友人にとっては「我が子」のような存在でした。

仏壇のペットの写真を眺めては、さめざめと泣く毎日。好きだった習いごとや趣味にも興味を抱けず、ご飯もほとんど食べないで、ただただ、家に引きこもっていたようです。

この友人は、まさに「哀しみの邪鬼」に取り憑かれている状態だったといえます。

「哀しくてご飯も食べられない」という浄化法

ただ、この「ご飯も食べられない」という行為は、「邪鬼」を退治する最も効果的な方法でもあります。というのも、**邪鬼は空腹に弱い**からです。

そのため、絶食すればするほど、邪鬼は弱まります。というわけで絶食をすると、宿主である人間より先に、邪鬼は死んでしまいます。散々泣いて、ご飯も食べられない生活を送った後に、

「おなか空いた」

と、ご飯を食べて元気になったのなら、それは邪鬼が死んだ結果だと思っても

いいでしょう。

実はこれは、他の感情の邪鬼にも効果的です。**修験者《しゅげんじゃ》が修行の中で、「断食」をするのは、実に理にかなった行為**だといえます。

ですから、失恋をして、夕食を一食程度抜いたぐらいで、「おなかが空いた」と、哀しみの感情から回復できたとしたら、一食の断食程度で死んでくれる邪鬼だったのでしょう。

「一週間も水しか口にできなかった」

という人は、それだけ哀しみの邪鬼が強かったのかもしれません。

ちなみに、東洋医学では「怒りの邪鬼」が憑くと、初期のうちは唇が荒れると考えられています。そして、食欲が落ちる、肌が荒れるといった症状が出ます。さらに、うつうつと落ち込みやすくなり、次いで胃が悪くなり、最終的に胃潰《いかい》瘍《よう》・胃がんなどの大病に至ります。

「哀しみの邪鬼」が憑くと、初期のうちは目が疲れ、充血するなどの症状が出ます。そして肩こりが酷《ひど》くなり、筋肉痛などの慢性症状が出始めます。常に心がざわめいて落ち着かなくなり、最終的には肝臓を患《わずら》い、肝臓がんや肝硬変などの大病に至ります。

つまり、こうした**マイナスの感情は、度を越すと身体をも蝕《むしば》んでしまう**のです。

ところで、先に紹介したペットを亡くした友人ですが、今ではなんとか立ち直ったようです。私は彼女に「気力がアップする護符」を贈ったのですが、その効果があったのか、

「ようやく新しい子を迎え入れられる気持ちになったの」

と笑う彼女のそばには、友だちに譲ってもらったという、可愛らしいマルチーズがいました。

この時に贈った護符は、巻末でご紹介しますね。

5 夜の歓楽街に溢れている「邪気」とは？

では、プラスの感情、喜怒哀楽の「楽」はどうでしょう。健康そうに思える「楽しい」という感情ですが、その感情が行き過ぎてしまうと……。

「快楽」「享楽《きょうらく》」という言葉が示すように、やはり極めて視野が狭くなり、人間関係や生活を破綻させ、健康をも阻害します。

たとえば、夜の歓楽街。ここには、「楽」が溢れかえっています。

「遊園地やテーマパークにも〝楽〟という感情を爆発させている人がいるじゃないか」

と、思われる人もいらっしゃるでしょう。

実は、**邪気は日の光に弱く、夜に活発になる**という性質があります。太陽が照っている場所は、ある意味、「安全地帯」です。

一方、夜の世界はまさに喜怒哀楽にまみれた邪気の世界です。

「楽」の感情の〝なれの果て〟

「楽しい」という感情に話を戻しましょう。

「楽しいな」

と思えるだけでは、邪気とはいえません。しかし、

「もっと楽しくなりたい。もっと楽しませてほしい」

と追求していくと、そこには邪気が発生します。

もちろん、「楽しい」「喜ばしい」と心が躍る程度であれば、悪いことではありません。恐ろしいのは、「楽しい」という感情がやがて邪気から「邪鬼」に変わり、「依存症」と呼ばれる症状に陥る時です。

ギャンブルの楽しさに取り憑かれた「ギャンブル依存症」、アルコールの魔力に取り憑かれた「アルコール依存症」などは、その最たるものです。

ショッピングをした際の高揚感がたまらず、お金をつぎ込み続ける「買い物依存症」や、ゲームやインターネット、スマホの「依存症」も今、社会問題になっています。

ストーカーも「楽しい」の感情の「なれの果て」といってもいいでしょう。

依存症とまではいかなくても、歓楽街で知り合ったホステスやホスト、キャバクラ嬢と呼ばれる人たちにお金をつぎ込んで破産した、という話もめずらしくはありません。

ここまでいくと、邪鬼に取り憑かれているとしか、いいようがありません。

「人を楽しませる仕掛け」とは上手につき合う

世の中には「人を楽しませる仕掛け」がたくさんあり、それらは日々の活力の源になるでしょう。

しかし、人間関係や経済状態、生活を破綻させないよう、これらの「人を楽しませる仕掛け」とは、うまく折り合いをつけるべきです。

あるプロ野球球団の熱狂的なファンで、自分を「季節労働者」と称している知人がいます。彼は、その球団の全試合を応援するために、プロ野球のシーズンオフにバリバリ働き、シーズンに入ると仕事をパタリとやめ、時には車上で生活しながら各地を訪れ、試合を楽しんでいます。

彼の生活は「プロ野球を楽しむためにある」といっても過言ではありません。ある意味、「楽」の邪鬼に取り憑かれた状態ともいえます。

しかし、うまく折り合いをつけながら生活を楽しんでいます。「人間にとって、何が幸せか」を考えると、彼は、幸せな毎日を送っているのでしょう。

「楽」の邪鬼には、こうした一面もあるのです。

6 他人の不幸を「蜜の味」にしない

もう一つのプラスの感情、喜怒哀楽の**「喜び」**はどうでしょう。

なんの問題もなさそうに思える「喜び」の感情も、ふとした拍子に「邪気」や「邪鬼」を生み出します。

この感情は、実に不思議です。自分の思惑とは全く別の感情を生み出すこともあるからです。

たとえば、「笑い」は人を元気づけるものです。

その一方で、「嘲笑《ちょうしょう》」「冷笑」「ほくそ笑む」というイヤな言葉があるように、光と闇の部分が強い感情という側面もあります。

まず、「喜び」を生み出す出来事は、ポジティブなものばかりではありません。ネガティブな状況も、時と場合、あるいは人によっては「喜び」に変わります。

このような「喜び」の感情の周りには、いうまでもなく邪気が渦巻いています。

「ゴシップの輪の中」に入らない

「人に知られたくない部分」を根掘り葉掘り聞き、吹聴《ふいちょう》して回る「ゴシップ好き」は、どのような集団にも一人や二人はいるものです。

こうした人たちは人気があるかもしれませんし、周りには常に笑い声が響いているかもしれません。しかし、実にイヤな笑いです。

ゴシップを言い合う人は、楽しくてスッキリするかもしれませんが、ネタ元になった人にとっては、「とんだ迷惑」であり「余計なお世話」なのです。

また、ゴシップの輪の中で楽しんでいたとしても、一通り爆笑し合った後、自己嫌悪に陥り、なんともいえないイヤな気持ちになることもあるでしょう。

これなどは「喜びの邪鬼にやられた」、といってもいいかもしれませんね。

相手の嫉妬を招かないように要注意

一方、自分自身に「いいこと」があり、思わず口に出した「喜び」の感情が、思いもよらず人の妬《ねた》みをかい、身を滅ぼす事態に発展してしまうこともあります。

たとえば、

「この前、プロポーズされたの。相手はエリートなのよ」
「ついに部長に昇進して、給料が大幅にアップするんだ」
「ここだけの話だけど、宝くじで高額当選したの」
「子どもが難関校に合格して、将来、安泰だわ」

などと、あなたが誰かに喜びの報告をしたとします。

しかし、あなたと同じように、相手も「うれしい」と思ってくれるとは限りません。

もし相手が心の中で、どす黒い「嫉妬」の念を抱いたとしたら……。それは残念ながら、あなたの「喜び」の感情が生み出したものなのです。

つまり、「喜び」の感情を発する人も、「伝え方」に気をつけなくては、誰かの心に「邪気」、さらには「邪鬼」を生み出す原因をつくってしまうのです。「喜び」という感情は、大変な「マイナスの感情」を引き出す媒介《ばいかい》にもなることを覚えておきましょう。

コラム 2

人との「距離」の上手な取り方

新しい職場、新しい学校、新しいサークル……。人生では節目の時期に、それぞれの場所で、新たな人との出会いがあることでしょう。

「多くの人と交わる」とは、自分とは意見や価値観が違う人たちと出会う可能性も必然的に高くなることを意味します。

自分に冷たい態度を取る人、批判的な言葉をかけてくる人などに対しては、誰もが「苦手意識」を持ってしまいがちです。

でも、あなたのことを好きな人がいれば、好きでない人もいるものです。あなた自身も、誰かに対する好き嫌いはあるでしょう。

そして、「あなたのことを好きではない人たち」に対して、人は自然に距離をおくようになっていきます。

大きな組織や大人数の集団の中では、多少の不協和感を感じても、たいした問題は生じないかもしれません。しかし、少人数のグループだと話は別です。学校のクラス、小さな職場、サークル、家族……といった狭い人間関係、逃げる場所のないグループの中に苦手な人がいた場合、どう接したらいいのでしょうか？

答えは簡単です。

「そのままで、いいのです」

そう、今のままでいいのです。何も「新たなアクション」を起こさないことです。

苦手な人との「今の距離」は、縮めても離れてもいけません。

「今のまま」の距離こそが、一番バランスのいい状態なのです。

「今の距離」を縮めても、相手との間に余計な衝突が生じます。喧嘩《けんか》をして、よりいっそう関係が悪くなるかもしれません。

もしくは、自分の意に反して相手に歩み寄っても、苦痛が増すばかりで、残念ながら「いい結果」を生むことはありません。

かといって、これ以上、相手から離れてもいけません。どんどん疎遠になり、関係の修復は、よりいっそう困難になります。

だから、「今のまま」でいいのです。

その「距離感」が、ちょうどいいバランス状態なのです。


あなたは無意識のうちに、「自分にとってのベスト、かつ安定する立ち位置」を認識し、すべての人間関係のバランスを取っています。

苦手な人とだけではなく、家族とも、他のグループの人とも、地域の人とも、「人間関係のバランス」を、ちょうどいい具合に保っているのです。


もし、「苦手な人」との距離を縮める必要性が生じれば、神様はベストなタイミングでそのチャンスを与えてくれます。

その時まで静かに待ちましょう。そして、その時のためにも、直感は磨いておきましょう。

「直感」＝「神様の啓示」ですからね。

3章

古神道の「お祓い」で運気を守る

――「邪気」を退治する方法

1 「無意識」を野放しにしない

私は、自分が得た知識を伝道する講習会を開いているのですが、「邪気」の話をしていた時、参加者の方から、

「邪気の発生源が身内の場合は、どうしたらいいですか?」

という相談を受けたことがあります。

「その時、その場限りの関係なら、多少のガマンもできるけれど、なかなか縁が切れない関係だと、その邪気が二倍も、三倍もの大きさに感じられる」

のだそうです。

親子、夫婦、兄弟姉妹、義理の家族……。密接な関係だからこそ、些細な感情

であっても「邪気」になる、ということは、ままあるでしょう。

「夫が、ことあるごとにため息をつく。気が滅入って仕方がない」

「姑《しゅうとめ》がキツイ人で、些細なミスでも怒鳴られる」

「兄が趣味で弾いている楽器の音がうるさくて、イライラする」

「義理の姉が、チクチクとイヤミを言ってくるのが、たまらなくイヤ」

少し考えただけでも、想定されるケースはたくさん出てきます。

気が強い人だと、立ち向かおうという気にもなるでしょう。

しかし、こうした邪気を四六時中受けていると、いずれ精神がまいってしまいます。

西洋の悪魔は「名前を暴かれる」ことで祓われる

では、どうすればいいのか。

相手が発しているものの正体を見極めることです。

まず、相手がなぜ邪気を発しているのか、なぜ自分に対して邪気をぶつけてくるのか、注意深く探ります。

それは、「会社でうまくいかず、自己憐憫《れんびん》の感情に取り憑かれている」ことが原因かもしれません。

また、「お姑さん自身が、昔、自分の姑にいじめられていた時に感じた『怒りの邪気』が邪鬼に変化したもの」なのかもしれません。

「音楽に夢中になり過ぎている」という「楽」の邪気に取り憑かれているのかもしれません。

「イヤミを言い、相手をこらしめることに喜びを感じている」のかもしれません。

しかし、「邪気の正体」を知れば、こっちのものです。

「その邪気の上に立つイメージを持つ」のです。

西洋の悪魔は、名前を暴かれることで、祓われるといいます。エクソシストは悪魔の名前を突き止めることで、悪魔を消し去ります。

邪気も一緒です。原因さえわかれば、邪気を受ける側にも気持ちの余裕ができてきます。

「この人の『哀しみの邪気』の根源は、会社でうまくいっていないからかな」といった視点で接していけば、自分だけでなく、相手も変わってくるはずです。

というのも、**私たちを動かしているのは、無意識の領域にある「感情」**だからです。

「魂のレベル」を上げれば、相手の感情に巻き込まれない

「好き」とか「嫌い」という感情は、実は深層心理が判断しています。

「自分は相手よりも上だな」とか、「あの人にはかなわないな」といった、言葉には出さないけれど、無意識的に感じられる相手との上下関係といったこと、そして「魂のレベル」についても、深層心理の中で探り合い、互いに優劣をつけています。それは年齢や立場に関係しません。

ですから、自分より年齢が下でも、「魂のレベルは自分より上」ということはままありますし、逆もしかりです。

ちなみに、魂のレベルがほとんど同じだと、どちらが上かを決めるために、時に小競り合いを起こします。こういった判断は、相手にも無意識的に伝わります。

また、

「自分より魂のレベルが高い」

と感じている人から催眠術をかけられると、簡単にかかってしまいます。

逆に、

「この人、うさんくさいな」

と感じている人の催眠術にはかかりません。それは、術をかける相手を下に見ているからです。

催眠術に限らず、同じ言葉でも相手によって、心に響く、響かないという経験は、誰しもあるはずです。

たとえば、あなたが上司から不条理に扱われていたとします。

そんな時、「上司は、怒りの邪鬼にやられている」と認識できれば、あなたがストレスでつぶれてしまうことを防げます。理不尽な怒りをぶつけられるたびに、「怒りの邪鬼がまた顔を出してきている。感情に振り回されていて疲れるだろうな。かわいそうな人だな」


と、思うことで、精神的に優位に立ち、相手の心ない言葉も以前より楽に受け流すことができるでしょう。

一方の上司も、感情を爆発させても、あなたには通用しない、歯が立たないと、無意識に判断するようになってきます。そうなれば、しめたものです。「関係性」が変わっていくのも、そう遠いことではありません。

相手は「優位に立ちたい」から攻撃してくる

「怒り」に対して怒り、「怨み」に対して怨みを返していては、マイナスの感情が消えることはありません。お互いが「邪気まみれ」になるだけです。

相手とぶつかるのは、精神レベルが一緒か、それ以下だからです。

特に、「同一レベルの人間」であると、相手は無意識的に「自分の方が上だ」ということを示すため、つまり優位に立つためにに攻撃してきます。

「相手にしない方がいいよ」

と、言える人は、精神的なレベルが高いのです。

こういう人が、あなたの周りにもいませんか？

そして、彼らは、邪気とは比較的無縁な生活を送っているのではないでしょうか。

2 「祓う」という日本人の知恵

たとえ平穏な毎日を過ごしていたとしても、邪気はいろいろな形で私たちを襲ってきます。見境がないのが「電波に乗ってくる邪気」です。

テレビやラジオ、さらにインターネットやＳＮＳの発達により、情報も邪気も、世界規模で瞬時に拡散されるようになりました。

たとえば、遠く離れた外国で起こった悲劇により発生した哀しみの邪気などは、電波を通して私たちのところにやって来ます。そういう映像を興味本位で見ていると、邪気はあなたの中で確実に蓄積されます。

テレビで怒号の入った音声テープや、激しい言葉で相手を罵《ののし》るデモの様子が流されることがありますが、これらも邪気を発しています。

こうした放送を見たり聞いたりした後に、

「なんだか、私も腹が立ってきた」

と感じたら、それは邪気を受けた証拠です。邪気を受けている自覚がない分、恐ろしいことだと思います。

でも、安心してください。

実は、**物理的に邪気から身を守る術**があります。

まず紹介したいのが、古代から日本に伝わる**「お祓《はら》い」**と呼ばれる方法です。

「お祓い」は、人はもちろん、土地や物品に対しても行なわれてきました。

建築物を建てる際に行なう、地鎮《じちん》のお祓い。これは、氏神様《うじがみ》に建築のお許しを請うと同時に、土地が持つ邪気や穢《けが》れをクリアにするものです。車を買った時に、神社でお祓いをしてもらう人も多いでしょう。これも、乗りものに憑いた邪気を祓うためのものです。

もちろん冠婚葬祭、厄年、子どもの成長の節目など、あらゆる場面で行なわれるお清めのお祓いも、邪気を取り除くためのものです。日本では、「祓う」という行為が日常に溶け込んでいるといってもいいでしょう。

一瞬で開運体質になれる「古神道のお祓い」

ずばり、この**「祓い」を日常に上手に取り入れれば、あなたも「開運体質」**になれます。最も有効なのが、**古神道のお祓い**です。

大きく分けて**「風の祓い」「火の祓い」「水の祓い」**の三つの方法があります。これらの詳しい内容は改めて紹介させていただくとして（95ページより）、ここでは、普段の生活で簡単にできる邪気祓いの方法をピックアップしてみます。

☆マッサージで邪気を揉み出す

まず、「邪気」は筋肉に宿るといわれています。特に、肩、首、腰の筋肉には宿りやすいようです。そして、その場所に痛みを発生させます。

特に体を動かしていなくても、気疲れから肩が凝ってしまったという経験が、誰しもあるかと思いますが、これはなんらかの邪気が憑いた状態といえます。

そこで効果的なのが、**マッサージ**です。

意外かもしれませんが、マッサージをすることで邪気を揉《も》み出し、祓うことができます。有能なマッサージ師に聞きますと、邪気が抜けた時には、イヤなにおいがするのだそうです。

知り合いの鍼灸師も、「針先から邪気が抜けるのがわかる」と言っていました。

物理的に作用するといえば、垢《あか》すりでも邪気は祓えます。邪気は体に憑いた「気の垢」ともいえるからです。

☆豆で「魔を滅する」

豆を用いた邪気祓いの方法もあります。**豆=「マメ」は、「魔を滅する」**という意味を持つからです。

方法は、小豆《あずき》でも大豆《だいず》でも、豆を十粒ほど手のひらに置いて握りしめ、そこに邪気を封じ込めるイメージをします。そして、ブンブンブンと、三度ほど手を上下に振るのです。この豆は、道の十字路に捨てるといいでしょう。豆についた邪気は十字路に捨てられた後、再び豆から出てきて元の宿主を追いかけようとします。その時に十字路だと、どちらの方向に元の宿主が逃げたか、邪気はわからなくなります。そのため、十字路に捨てるとよいとされるのです。

☆「神社参拝」で気がクリアになる

神社への参拝も、邪気祓いには有効です。拝殿で鳴らす鈴の音や、柏手《かしわで》の音、お賽銭《さいせん》の音には、それぞれ邪気を祓う効果があります。

ちなみにお賽銭の額ですが、「ご縁」を意味する五円がいいとされています。「縁が遠くなる」という意味になる十円は避けましょう。

中には四十五円＝「始終ご縁がある」、四百十五円＝「よいご縁」がある、四百八十五円＝「四方八方からご縁がある」という金額を好む人もいますが、これらも有効な方法です。

五がつく金額は、だいたい縁起がいいとされています。

一方で、お賽銭がたてる音が魔を祓うと信じて、お賽銭を遠くから投げ入れる人もいますが、そのような乱暴な行為を神様が喜ぶわけがありません。丁寧にやさしく、お賽銭箱に入れましょう。

また、「お賽銭箱の周りには邪気が溜まっている」という人もいますが、神仏が邪気を祓ってくれています。気にする必要はないでしょう。

☆祝詞を唱える

さて、神社に参拝した際には、

「はらいたまえ　きよめたまえ」

と三回唱えると、より効果的です。これは**言霊による祓い**です。

ただし三回目は「はらいたまえ　きよめたまう」でしめてくださいね。「たまえ」はまだ言葉が続きますという意味ですから。ぜひ実践してみてください。

余談ですが、『万葉集』にあるように、日本は**「言霊の幸《さき》はふ国」**です。神仏と交信する時は、一般的には**「祝詞《のりと》」**という「言霊」を介してお願いごとを伝えます。

願いごとは、言葉に発して初めて「言霊」になります。したがって、声に出さない願いごとは「言霊」ではありませんので、神仏には届きません。

みなさんの多くは、お正月に初詣に行きますね。十円玉一枚をお賽銭箱にポーンと放り入れて、願いごとを無言で心の中でつぶやいていませんか?

そして年末になって、

「今年も、ちっとも願いごとが叶わなかった」

と、神様に対し、恨み言を言ったとしたら、それは完全な逆恨みです。そのような祈願の仕方では、願いごとが叶わないのは当たり前です。

「神様に、そもそも願いごとが聞こえていない」

のですから。神仏に願いごとをする時は、恥ずかしいかもしれませんが、小さくても声に出してお願いするようにしましょう。

☆足の裏から邪気を抜く

「グラウンディング」というのも、手っ取り早い邪気祓い法です。やり方は簡単で、裸足で地面に立ち、「足の裏から邪気を大地に流し込む」というイメージをするだけです。

また、金または銀のネックレスをして、足の両裏に一円玉を貼って寝ると、足の裏から邪気が抜けるという**「一円玉開運法」**も、簡単に日常に取り入れられる方法です。

「気」は意識と共に動きます。

右に意識を向けると「気」も一緒に右に移動します。

ここでご紹介した「一円玉開運法」をはじめ、「邪気祓い」をする時は、自分の心に影響を与えている「ネガティブな感情」を、「対象物に流し込むイメージ」で行なえば、きちんと祓えるのです。

3 神社参りと同じ効果！「風の祓い」

古神道の祓いの中で、最もメジャーなのが**「風の祓い」**です。

神社で神主さんがお祓いをする時、白木の棒に紙垂《しで》を付けた「大麻《おおぬさ》」を、頭の上で振ってくれます。

これは、「大麻」からの「風」で邪気を吹き飛ばしているのです。ですから、逆にいうと、あの「風」が体に当たらないと邪気は祓えません。

年明けの「仕事始めの儀式」として講堂に全社員を集合させ、神主さんにお祓いをしてもらうという企業があります。

最前列には、たいてい社長や部長など役職者が並んでいますよね。ということは、神主さんが振る「大麻」からの風を受けられるのは、最前列の「えらい方々」だけです。

後ろの社員には風は届いていませんから、せっかく列席していても、「風の祓い」という意味では、ご利益《りやく》がいただけていないのです。

わざわざ講堂に集まったのに、もったいない話ですね……。

せめて「祝詞の祓いの効果」だけは、いただいて帰ってほしいものです。

「両腕をさする」「息を吹きかける」——あなどれない効果

しかし、安心してください。「風の祓い」は自分でもできます。

服にゴミが付いた時には、パンパンと手で払ってゴミを飛ばしますよね。実はあれが無意識にやっている「風の祓い」です。ゴミという、自分にとって不必要な「邪」を風で払（祓）いのけているのです。

この話をすると、たまに、

「心霊現象に悩んでいる人に対して肩をパンパンと払ってあげると、霊障《れいしょう》が解けるといいますが、本当ですか?」

と聞かれます。程度はあるにせよ、「イヤな気を祓う」という意味では、間違った行動ではないと思います。


ぞっとするような出来事などが起きた時に、

「あー、やだやだ」

などと口にしながら、両腕をさすったりしませんか?


これも実は、無意識にやっている「風の祓い」です。両腕をさすると、不思議なことに、その恐怖心がスーッと収まるような気がします。これは「恐れ」という邪気が、手の摩擦による「風」で祓われたのです。

また、子どもがちょっとした怪我をした時などに、たとえばお母さんが傷口にフーフーと息を吹きかけますよね。これも、「風の祓い」の一つです。

お母さんが息を吹きかけることで、「痛み」という邪気を吹き飛ばしてくれているのです。ありがたいものですね。

「深呼吸」や「ため息」も、立派なお祓い

深呼吸も、「風の祓い」といえます。

邪気祓いの深呼吸には、コツがあります。

まず、自分の体の周りや中にまとわり付く邪気をイメージして、「ふうっ」と、息の全てを思いきり吐ききるのです。そして、一瞬、息を止め、清涼な気を吸い込むイメージをしながら、おなかの奥底に向かって空気を吸い込みます。そしてまた、一瞬息を止め、再度「邪気」を吐ききります。

この行為を三度ほど繰り返すと、あなたの体の邪気はほとんど消えてくれるはずです。

息といえば、簡単にできるのが**「ため息」**です。腹が立つこと、辛いこと、哀しいことがあった時、人はため息をつきます。

私もため息をつくたびに、人間の無意識の領域には、邪気を取り除く能力がプログラムされているのだなあと、感心させられます。

ただし、ため息の場合、近くの人にも邪気をばら撒いてしまいます。

他の人と邪気を共有し、増幅させないためにも、ため息をつく場合は、周囲をよく見わたして行ないましょう。

まとめると、「邪気」を発している人に遭遇してしまった、あるいは、自分自身で喜怒哀楽の感情が激し過ぎたかなと感じたら、大きく深呼吸をしましょう。

そして、すぐに体をパンパンと払（祓）い、手のひらにフーフーと息を吹きかけて、手に付いた邪気も吹き飛ばすことです。

簡単なことですが、これらの祓いの効果は絶大です。

4 穢れを焼き尽くす「火の祓い」

次に紹介するのは**「火の祓い」**です。

「火の祓い」といえば、有名なのは、「火打石の祓い」です。これは、火打石から飛んだ「火」で邪気を焼き払（祓）うという意味があります。

密教系の寺院で行なわれる「護摩焚き」や修験道の「火渡り」のように、火は邪気を祓うための、かなり有効なツールです。

火や炎を神格化した、「火炎崇拝の宗教」も、世界には少なくありません（「ゾロアスター教＝拝火教」など）。

しかし、素人が「火の祓い」を行なうのは、かなり危険です。

というのも、「火はなんでも燃やし尽くしてくれる」のかと思いきや、穢れを周囲に移す能力も持つからです。

「穢れ」というのは、邪気とはまた少し違った概念です。

神仏が嫌う、不浄でネガティブなエネルギーのことをいいます。

「邪気」は喜怒哀楽の感情から発生しますが、「穢れ」は倫理的ではない感情や状態、または衛生的に不浄な状態のところから生まれます。

そして「穢れ」は、火によって伝播《でんぱ》します。

たとえば、火事。

古来、火事は「穢れ」が生み出したものとして忌み嫌われてきました。火事は、人間の邪《よこしま》な考えが火によって具現化したものだという考えからです。

火には「念を増幅させる力」がある

邪な考えを持った「穢れた人」と焚き火などを囲むと、周りの人も穢れます。同様に「穢れた人」と同じ火で炊いた釜の飯を食べても、穢れます。

洒落《しゃれ》たレストランなどでは、キャンドルが灯されたテーブルが用意されていますが、そんな場所で「邪な考えを持った人」と食事を共にすれば、間違いなく穢れが移ります。

火には、「念」を増幅させる力があるのでしょう。密教や修験道などで、火がよく用いられるのも、なるほどと納得させられます。

もちろん、焚き火やキャンドルに火を灯すことなどを一人でする分には、安全面さえ注意すれば問題はありません。邪気を焼き払（祓）ってくれます。ただ、「火の扱いには注意が必要」だということです。

怒りに効く「セージ」、哀しみに効く「沈香」

そこでお勧めしたいのが、**「煙」を用いた祓い**です。火から出る「煙」によるお祓いも「火の祓い」の一種です。

境内《けいだい》に大きな香炉《こうろ》を設置したお寺もありますね。香炉の中にはたくさんのお線香が差さっていて、煙がもくもくと上がっている。その煙を、参拝者が頭や、あるいは体の悪いところにすり付け、ご利益をいただく……。

これも一種の祓いです。煙を浴びることで、体にまとわり付いた邪気が祓われ、「運気」が体に入りやすくなるのです。

スピリチュアルな方は、**場を清めると称してセージを焚く**ことがよくありますが、これも「火の祓い」といってもいいでしょう。

しかし、セージを用いた「祓い」は、欧米から来た風習で、厳密にいうとアメリカ先住民の風習を真似たものです。しかし日本では、効果が半減します。
というのも、**欧米の祓いは主に「怒り」の邪気を対象としたもの**だからです。

欧米の「魔」を思い浮かべてみてください。だいたいが「怒って」います。

一方、日本の「魔」、いわゆる怨霊《おんりょう》を思い浮かべてみてください。

「怒り」の感情に突き動かされた存在もありますが（菅原道真《みちざね》や平将門《まさかど》、崇徳《すとく》天皇など）、「哀しみ」の強い感情を抱え続けているという存在が実に多いと思いませんか？

「播州《ばんしゅう》皿屋敷」のお菊さんや「四谷怪談」のお岩さんなどは、哀しんでいますよね。恋人に振られた、大切な人を亡くしたなど、日本のマイナスの「邪気」は、怒りと共に哀しみも内包します。

そのため、日本の煙を用いた「火の祓い」は、どちらかといえば哀しみの方に重きをおいています。

哀しみの邪気に効く煙は、「沈香《じんこう》」と呼ばれるお香です。お線香の成分の一つですね。死者を弔《とむら》う時、哀しみに満ちた寺院の中で沈香が焚かれるというのは、実に理にかなっているのです。

以上のように、煙で邪気を祓うのなら、自分が受けた「邪気」の種類に応じて選んでくださいね。

誰かにひどく怒られた、誰かをひどく怒鳴りつけてしまった。――そんな時はセージのお香を。

とても哀しいことがあった。ひどく哀しむ人と遭遇した。――そんな時は沈香のお香を焚きましょう。

そうそう、サウナも「火の祓い」の一種です。ですからサウナに入るのも、実は運気を上げることにつながります。また、汗を流すことや、サウナ後の冷水浴は「水の祓い」（次項参照）となりますから、一石二鳥ですね。

5 邪気を溶かし、流し去る「水の祓い」

次に紹介するのは**「水の祓い」**です。

ところで、日本には「気」の文字を含む単語が、実に多くあります。人間の精神や体の状態を示すだけでなく、「陽気」「電気」「磁気」「空気」といった言葉も、みな同じ「気」が変化したものです。

そして、汚れてしまった気が「邪気」です。

空気やガス類は、水に溶けやすい性質を持ちます。たとえば炭酸水は、水に炭酸ガスが溶け込んだものですよね。

「邪気」も水によく溶けます。「水に流す」という言葉がありますが、邪気を水に溶かして流してしまうのが「水の祓い」です。

滝行や水行、海の禊行《みそぎぎょう》などはすべて「水の祓い」です。

「冷たく、流れている水」だから効果がある

ところで、炭酸ガスは冷たい水にはよく溶けますが、温かい水では溶けにくくなります。

「邪気」も冷たい水ほど、よく洗い流されます。温かい水には溶けません。

ですから、「滝行」をするのは、水の冷たい冬でなければ本当の効果はありません。温かい水では、ただの水遊びになってしまいます。

神仏に祈願する時、冷水を体にかける「水垢離《みずごり》」という禊の行為がありますが、これも冷たい水だからこそ、効果があるのです。

夏場に滝行をする人がいますが、「祓い」という意味でいうと、ほとんど効果

がありませんので注意が必要です。

ちなみに、私がよく滝行を敢行するのは、真冬の日の出前です。氷点下での滝行で、命の危険もありますが、それでも滝行に向かうのは、「邪気」を滅してくれるからです。

体に付いている邪気は、宿主の死とともに消滅します。そのため、宿主である自分を死のギリギリまで追いやり、清い滝の水の流れと共に、邪気を流し去ってしまおうというわけです。

ただし、一般の人は自重して、くれぐれも無謀な滝行は行なわないようにしてください。

「水の祓い」には、他にも注意点があります。「水の祓い」は、**流れている水**でなければ意味を持ちません。流れていない水は、逆に邪気を溜め込んでしまうことがままあります。

「霊は水気のあるところに集まる」とよくいいます。これは、あらゆる邪気や穢れが溶け込み、濃縮された結果、生み出されたものではないでしょうか。

「窓際に水を入れたコップを置いておく」という除霊の方法があるそうです。

悪霊は、常におなかが空いていて喉《のど》が渇いている、という思想からきたもので、コップの水の中に悪霊が吸い込まれていってしまうのだといいます。

この方法は「邪気祓い」にも応用できます。

夜、不安感や焦燥《しょうそう》感に襲われたら、コップに水を入れて置いておくのです。すると、邪気が水に吸い寄せられ、溶け込んでくれます。

そして、朝、目が覚めたらすぐに流しに捨ててしまいましょう。その水は決して飲まないように。「邪気」を再び体の中に取り入れてしまうことになります。

ですから、滝行をするにしても、水溜まりのようになっている場所は要注意です。また、流れが感じられない水場も、決していい場所とはいえません。

「銭洗い弁天」と呼ばれる、お金の邪気を祓ってくれるお寺が各所にあります。

これも、「常に水が流れている場所」であれば、チャレンジしてみることをお勧めします。

しかし、水が滞《とどこお》っている場所であれば、近づかない方が賢明です。邪気をさらに付着させてしまう結果になってしまうからです。

「手洗い、うがい、歯磨き、水シャワー」の効果

「水の祓い」で最も手っ取り早いのは、「邪気を受けたな」と感じたら、すぐに**冷たい水で手を洗う**ことです。体をさすってから洗うと、さらに効果的でしょう。

自分が「口からイヤな邪気を発してしまったな」と感じたら、**うがいをしたり、歯磨きをしたりする**のも、お勧めです。

男性であれば(もちろん女性でも)、顔を洗うのもいいでしょう。

さらに踏み込めば、冬にはちょっと辛いですが、すぐに**水のシャワーを全身に浴びる**のが最も効果的です。わざわざ滝まで行かなくても、自宅で素早く邪気を

洗い流すことができます。

「邪気」も病気と同じで、早期発見・早期治療が大切です。

これを習慣づければ、絶えず体は健全に清浄に保たれますから、その結果、運気を受けやすくなり、「開運体質」にもなっていきます。

気になる人は、ぜひ実践してみてください。ただし、体調を崩さないように万全の注意を払ってくださいね。

6
高天原から地上へもたらされた「重大な秘儀」

「風、火、水」の祓いの他にも、日本特有の祓いがあります。

それは、**「折り」「結び」「包み」の祓い**です。

この三つの祓いは、天照大御神が、天孫（お孫様）である邇邇芸命《ににぎのみこと》に「秘伝」としてお伝えになったとされる神技《しんぎ》です。

「重大な秘儀」ということで、宮中にのみ知られ、用いられていました。

それが民間へと伝わったのは、十四世紀、南北朝の動乱期だといわれています。

それでも、一般的に知られていないのは、その際に生まれた各系統で、「秘伝」として大切に伝承されていたからです。

今では、由緒ある神社、そして古神道を信奉する我々のような人間が用いる程度です。

しかし、**「高天原から、この地上にもたらされた」**という伝承があるだけあって、絶大な効能を持ちます。

「折りの祓い」…奇数は〝魔除け〟、偶数は〝招福〟

いずれも基本は紙を用います。

言霊的に**「紙（カミ）」イコール「神」**だからです。

「ご神意」を紙で折り込み、結び付け、包み込むということに意味があるのです。

この中で、**邪気を払ってくれるのは「折り」**の行為です。

「折り」とは、「天降《あお》り」の意味を含みます。「天降り」とは天孫降臨の約言《やくげん》（要約した言い方のこと）であり、同時に天からのご神意が降りてくることを示します。したがって、「折り」は神道の神事と深い関係があるのです。

日本が誇る文化の一つ「折り紙」は、まさに「カミゴト」なのです。

古神道の秘伝では、**奇数の折り目は「過去を断ち、魔除けとなる」**と称されています。

一方、**偶数の折り目は「未来へつなぎ、福を招く」**といわれています。

ちなみに、折り紙の「かぶと」は折り目が十三で奇数です。清浄な和紙で折ったかぶとを持ち歩いていれば、それが「結界《けっかい》」（区域を限定し、障害となるものが入るのを許さないこと）となり、「魔除け」となります。

また折り紙の「つる」は折り目が三十六で偶数です。これも清浄な和紙で折ったものを持ち歩けば、招福のお守りとなります。

簡単で効果も大きいので、ぜひ実践してみてください。

折り紙といえば、和紙で人形《ひとがた》をつくり、体を拭《ふ》くという祓いもあります。人の形に似せたものは、邪気を吸ってくれるからです。

願いに合わせて折る折り方も、もちろん存在します。

私は、特に「願いごとを叶えてくれる効果」を持つ折りを**「招福折符《おりふ》」**と呼んでいます。巻末に記載しますので、参考にしてみてください。

「結びの祓い」…邪を祓った後に「結界」をつくる

「結び」は文字通り、邪を祓った後の結界となります。高貴な方の寝室の御簾《みす》や相撲の土俵の屋根には、いくつもの「結び」が施されています。これは神聖な場所を確保するための結界です。

ちなみに「結び」とは、「産霊《むすび》・産巣日《むすひ》」とイコールで、『古事記』にも記される「造化《ぞうか》の三神《さんしん》」のうちの二神、高御産巣日神《たかみむすひのかみ》と神産巣日神《かみむすひのかみ》の神力を内包します。

そのため古来、**「結び目には神が宿る」**と称され、結びのあるものを持っていると厄除けになるといわれていました。

「陰陽相対的なるものが和合すれば、そこに必ず一つの新しい萌芽《ほうが》が起こる」とされますが、もちろん「愛を結ぶ」「心を結ぶ」という願いも込められています。

人と人を結び、「悪因縁《いんねん》」を「良因縁」に結び直す力を有しているのが「結び」です。

ですから、結びは複雑であればあるほど、そのパワーが強力なものになります。受験や重要なプレゼン前など、勝負がかかった時には、靴の紐をいつもより複雑に結んでおくのがいいでしょう。

「包みの祓い」…〝風呂敷の日常使い〟で運気が上がる

「包み」には、神様のご神意を包み込むという意味があります。

「包み」は、何かを包み込むことにより意味を持ちます。たとえば昆布やのしアワビなどを「縁起物」として包むことはよく知られていますね。

そういう意味で、風呂敷は「包み」の伝統の最たるものです。一時期すたれた風呂敷ですが、最近はお洒落な柄の風呂敷が多く販売され、対象物に応じた包み方を紹介する本も出ています。

風呂敷を日常的に使うと運気が上がります。私も実は愛用しているんですよ。

私のお勧めの包み方は、**「結界包み」**です（巻末に包み方を紹介しています）。たとえばパワーストーンは、そのまま放置しておくと、どんどん邪気を吸ってしまいます。しかし、この包み方で包んでおくと、邪気から守られるといわれています。

「折り、結び、包み」という行為は、運気の向上、心願の成就《じょうじゅ》に効果を現わし、魂を鎮め、災いを祓い、寿福を得ることができます。

ぜひ、挑戦してみてください。

コラム 3

「多因多果」の教え

何か事件が起きた時、人は必ず「誰か」に責任を求めるものです。

ある女性のお話です。

彼女の家に、ママさん友だちが子連れで遊びに来ました。遊びに夢中になっていた子どもの一人、Aちゃんが、お花を生けてあった花瓶を割りました。

よくある出来事ですね。

悪いのは、花瓶を割ったAちゃんだけでしょうか。

子どもたちから目を離して、おしゃべりに興じていたお母さんたちに責任はないのでしょうか。子どもの手が届くところに、壊れやすい花瓶を置いておいた家の女性に責任はなかったのでしょうか。

仏教には**「多因多果」**という教えがあります。多果とは、ふっと湧いたたくさんの些細な想いのことを意味します。

「おなかが空いたな」とか「あの花、可愛いな」とか、ふっと頭に浮かんできた、ちょっとした想い。そんな想い一つであっても、その想念には、多因、つまり、たくさんの要因・要素があるという喩《たと》えです。

たとえば、「おなかが空いたな」と、一つの想い（多果）がふっと浮かんだとします。その想いはどうして起きたのでしょうか。

「朝ご飯を食べなかったから」

最初に思いつくのは、こんな感じでしょうか。でも、よく考えれば、それだけではありません。

「朝ご飯が食べられなかったのは昨晩、仕事で徹夜して寝不足だったから」

「お酒を飲み過ぎて、朝、胃がもたれていたから」

「昨日、買い物ができなくて、朝、家に食べるものがなかったから」

……などなど。

さらに深掘りして、

「徹夜して仕事をする羽目になったのは、クライアントからの急な変更指示があったから」

「お酒を飲み過ぎたのは、仕事でミスをして、ストレスが溜まっていたから」

「昨日、買い物ができなかったのは、靴擦れが痛くて早く家に帰りたかったから」

と、遡《さかのぼ》って原因を探っていけば、とめどない因果関係が見えてくるでしょう。

これらすべての要因が「おなかが空いた」という一つの想い（多果）のうちに存在するのです。

「多因多果」という意味が、実感できたでしょうか。

重要なのは、これらの要因が一つでも欠けていたら「おなかが空いた」という想いも浮かばなかったということです。

たとえば、クライアントからの急な変更指示がなければ、徹夜して寝不足にならずにすみ、朝食もしっかり食べられて、「おなかが空いた」という想いも浮かばなかったことでしょう。

一つのものごとが成就するためには、およそ三千の要素が集まる必要があるといわれています。言い換えれば、二千九百九十九個の要因だけでは、ものごとは成り立たないのです。

そして、これらの要因は、そのどれもが等しく同じ「重さ」「重要性」を持ちます。どれが重要で、どれが重要ではない、というものではありません。

このような観点から、割れた花瓶の件を検証してみると、Aちゃんだけではなく、一緒に遊んでいた子、子どもを放置していたお母さんたち、花瓶をそこに置いていた家人など、みんなが平等に「犯人」ということになります。

「花瓶が割れる」という要因は、すでにたくさん溜まっていたのです。

二千九百九十九個あった要因の最後の一つをつくってしまったのが、たまたまAちゃんだったというだけです。

今でも記憶に残っていることがあります。私の祖母はとても健康な人でした。周りの人みんなが「百歳まで生きられるよね」と疑わなかったくらいです。

ある時、そんな祖母が私の妹と大喧嘩しました。二人が喧嘩することなんて、滅多にないことでした。妹は意地を張って祖母に謝らず、祖母は、そのことをひどく気に病んでいました。

そして次の日の朝、祖母は突然、心臓発作を起こし、二日後に病院で亡くなったのです。親戚は、妹が祖母を傷つけたことが原因で亡くなったと彼女を責め立てました。妹自身もひどく自分を責めたのは、いうまでもありません。

そんな妹に、私は言いました。

「おばあさんが亡くなったのは、確かに喧嘩したことが原因になっていたかもしれない。だけど、それは『おばあさんが亡くなる』という事象に係わる数多くある要因のうちの一つに過ぎないよ。

今、君を責め立てている親戚たちの中にも、その多くの要因の一つになっている人だって、たくさんいるのだから（事実、彼らの多くは生前、祖母の元を訪れることもなく、祖母は寂しい想いをしていました）。

もちろん僕だって、その要因の一つをつくっているかもしれないし。自分一人で責任を負う必要はないよ」

と。

どんな事象でも、三千の要因をすべて探し当てるのは不可能です。

「今世」だけの要因でなく、「過去世」にも要因があることもあります。

結局、「そのこと」が起きた原因を知ることは、誰にもできません。

だから、自分の周りで何かが起こった時、それを自分一人の責任として背負わなくてもいいのですよ。

あなただけのせいではありません。それは、神様が一番よく知っています。

だから、心を軽くしてくださいね。

4章

「神仏のお告げ」をどう受け取るか

——人生のあらゆる危機に備える方法

1 「積み上げてきたキャリア」を一瞬で棒に振ってしまう人

酔っぱらうと、人格が変わる人がいます。

怒り上戸《じょうご》、泣き上戸、笑い上戸の人、さらには場所柄をわきまえず、誰もが赤面するような猥談《わいだん》をし始めたり、的外れな説教を始めたり……。

また、同性異性問わずのキス魔になったり、全裸になろうとしたり、果ては「その場の流れ」で初めて会った人とベッドインしてしまうような猛者《もさ》もいると聞きます。

これらは、いずれも「邪気」が強くなり、自分ではコントロールが利かなくなって生まれた「別人格」（邪鬼）による行為です。

こんな相談を受けたことがあります。

R氏は、とある企業で課長職に就いています。R氏の担当する部署は総勢8名いますが、彼以外は全員女性で構成されています。

R氏は既婚で子どももいますが、女性に囲まれて仕事をしていると、時折、イヤラシイ感情が浮かんでくるそうです。そんな時、まじめなR氏は、

「部下に対してイヤラシイ妄想を抱くべきではない」

と、自分の感情を否定し続けていました。

しかし、この強い否定の想いが、R氏の中に「邪鬼」を生みました。

ある日、打ち上げの酒席で泥酔してしまい、なんと自分の隣に座った女性に対し、次々とセクハラをしまくったのだそうです。

それはそれは、醜態だったようです。

R氏は家で翌朝目覚めて初めて、

「やってしまった！」

と、その時の行為を思い出し、頭を抱えました。

R氏は日頃、大量にアルコールを摂取することはありません。しかし、その日は緊張続きの案件がようやく手離れし、ついつい、ハメを外してしまったのだそうです。

当然のことですが、その日以来、部下たちはR氏に対し、よそよそしく接するようになってしまいました。

「私は、どうしたらいいでしょう?」

という相談でしたが、やってしまったことは取り返しがつきません。今後、二度と「邪鬼」が暴れないように注意する他ありません。

しかし、どう注意したらいいのか、R氏には見当もつきません。

「無意識」に押し込まれた〝もう一人の自分〟

いつも怒りっぽい人が、いつもより激しく怒りを爆発させたとしても、「ついに、大噴火しちゃったね」とか、「またか」という程度に受け取られるかもしれません。

しかし、普段は温厚に過ごしている人が、突如、「大噴火」したらどうでしょう。

その人は、自分の中に生まれた「怒り」を抑制し続け、「なかったこと」にしようとしてきましたが、ついに抑え切れなくなったのです。

でも、周囲の人たちは、「まさかの突然の大噴火」に驚愕してしまうでしょう。

「普段は物静かな人なのに……」と。

「二重人格者なのか？」とさえ思われてしまうかもしれません。

R氏の場合は、望ましい自分像である「厳格でクールな課長」と、否定すべき自分像である「イヤラシイことがしたい課長」という二つの人格をつくってしまいました。

「厳格でクールな課長」は、〝望ましい自分像〟ですから、意識の領域にいることが許されます。

しかし、「イヤラシイことがしたい課長」は、意識の外へと追いやる必要があります。その場所とは、自分の意識が及ばない**「無意識」**と呼ばれる領域です。

実は、「無意識」の領域には、誰もがこのように**押し込まれた自分像**をたくさん住まわせています。この自分像を「サブパーソナリティ」と称します。

「妄想」が〝理性のバリア〟を破る瞬間

「意識の領域」と「無意識の領域」の境界には、強力なバリアが張られています。サブパーソナリティたちが意識の領域に入って来られないようにするためです。

サブパーソナリティたちは、普段は大人しく無意識の領域内をただよっています。しかし、次々に無意識の世界に〝同様の感情〟が落とし込まれると、サブパーソナリティたちは、それを餌《えさ》にして成長していきます。

つまり「邪鬼になる」ということです。

たまに浮かんできた妄想を、R氏はごくりと飲み込み続けていました。

そして、日増しに大きくなった「イヤラシイことがしたい課長」は、頭でぐいぐいバリアを押し上げて突破しようとします。でも、バリアが強くて突破できません。

しかし、アルコールを摂取すると、意識と無意識との間に張られた強力なバリアが一時的に弱まります。R氏が酔っぱらったことをこれ幸いに、「イヤラシイことがしたい課長」は、バリアを突破したのです。酔いが醒めた後で、「しまった！」と思っても、後の祭りです。

ちなみに、ものすごく疲れた時や、ピンチの状態に陥った時、茫然自失となった時も、同様にバリアの力は弱まります。

ここで強調したいのは、**自分の「負の感情」を否定し続けると、無意識の領域で負の感情を持った自分像がどんどん成長していく**、ということ。

そして、**感情の制御がうまくできなくなった時に、「意識の領域」は負の感情によって占領されてしまう**、ということです。

最近、有名なイケメン俳優が未成年の女性と酒席を共にした上、淫行に及んだことが大きなニュースになりました。

「彼はお酒を飲むと、人が変わったように横暴になった」という記事がありましたが、彼にもR氏のような「邪鬼」が憑いていたのかもしれません。

いずれにしろ、積み上げたキャリア、信用が崩れ去ってしまったのです。

では、サブパーソナリティをつくらない、暴走させないためには、どうしたらいいのでしょうか？

それは、浮かんできた欲求、欲望を飲み込むクセをなくすことです。言いたいことを我慢して飲み込むクセのある人は、自分の意見をはっきりと言葉で伝えるように努力します。それが難しい人は、日記やブログなどに思いを書き込むのもいいかもしれません。

性的な妄想がどうしても起きてしまう人は、性の衝動エネルギーを、体を動かして運動エネルギーに変換してしまうことをお勧めします。

特に、破壊を伴う、またはそれを連想させるような動き（叩く、蹴るなど）は、「射精」に通じる点があるので、そうした動きをすると気持ちがスッキリします。

前述のR氏には、「バッティングセンター」に行くことをお勧めしました。ゴルフやサッカーもいいかもしれませんね。

また、ストレス発散のためのいろいろなグッズが販売されているので、自分に合ったものを選ぶといいでしょう。

2 「無意識」に人生を台無しにされないために

「無意識」とは、どのような仕事をするのでしょうか。

実は、無意識とは思念の「自動化」を司っています。

たとえば、私は自転車に乗ることができます。私だけでなく誰もが「どうやって乗るんだっけ?」などと、意識しなくても乗れてしまいます。


これがいちいち意識にコントロールされていたら、「右足でペダルを踏んで」「次に左足で踏んで」「ハンドルはまっすぐに保って」と、常に「自転車をこぐ」という行為を意識して実行に移さなければなりません。

でも、無意識の領域に「自転車に乗る」という行為を落とし込めているため、ハンドルを持ち、サドルに腰をかけるだけで自転車に乗ることができます。

水泳も、そうですね。

まだ上手に泳げない時は、手足をどう動かしたらいいのか、わかりません。でも、一度泳げるようになってしまうと、逆に溺《おぼ》れるマネをする方が難しく感じられるほどなのです。これも無意識の領域に「泳ぐ」という行為が定着したからです。

無意識の領域に定着すると、たとえば「今夜は何を食べようか……」などと、全く違うことを考えながらでも動けるようになります。これが**「自動化」**です。

しかし一方で、無意識の領域で概念が「自動化」されてしまうと、自分の意思ではなかなかコントロールできなくなってしまう、という困った面も出てきます。

たとえば、金銭的にルーズで、底意地が悪いＤＶ男と結婚した女性がいたとします。当然、周囲は、

「そんな人とは、さっさと別れちゃいなさいよ」

と、忠告します。女性自身も、「別れたい」と、感じてはいます。離婚届も用意しています。でも、なぜか別れられない……。

これは、無意識の領域に、

「それでも、彼が好き」

という概念が定着して、DV男と一緒にいることが自動化されてしまっているからです。

自動化された邪気を退治する方法

こういうタイプの女性は、結婚相手のような男性に何度も失望しています。しかし、そのたびに、

「私も悪い部分があったのかもしれない」

「暴力さえ振るわなければ、いい人だから」

と、何度も何度も心の中で思い続ける傾向にあります。大方の女性は、男性に軽く小突かれただけでも、「二度と会いたくない」と、関係を断とうとします。そもそも、そのような男性とは接点を持ちたがりません。しかし「DV慣れ」してしまった女性は、無意識の領域の中に、自分を守るため、

「男性は殴るもの」

「殴るのは愛情表現」

といった概念を創出していることが、ままあります。そうなると、たとえ別れられたとしても、また同じような人を好きになり、関係を持つようになります。

この概念は、「邪鬼」と言い換えることができます。

一度、自動化してしまった概念は、先に紹介したような「邪気祓い」程度では決して、なくなりません。むしろ、自動化された概念を取り除いてしまうと、その人そのものが崩壊してしまう可能性すらあります。

では、どうしたらいいのでしょうか？

次の項で、その方法をお教えします。

3 古文書に記された「病気を治す」意外な方法

ある時、私の祖父が大切に持っていた古文書をパラパラとめくっていると、「病気を治す方法」という章を見つけました。

これは面白いと思い、目を通すと、

「病人の前に立ち、太刀《たち》を構えて振りかざし、こめかみの前で寸止めしなさい。

そして、ただちに『病気が治る』と言いなさい」

たった、これだけの記述でした。

どんなことが書いてあるのかと期待しただけに、「え？　それだけ？」と、がっかりしたのですが、実はこれは、とても重要な指針を含んでいたのです。

なかなか治らない病気の人は、「病気でいたい」という願いが、なんらかの原因で無意識の領域に入り込んでしまっている場合があります。

たとえば、「うつ病」。うつ病はなかなか治りません。それは、「うつでいた方が、自分にとって都合がいい」という考えが、無意識の領域で自動化されているからかもしれません。もちろん、当てはまらない人もいます。

「自分は違う」と、否定する人もいるでしょう。

しかし万が一、「うつ病でいたい」という想念が無意識の領域で自動化されているとしたら、意識の領域で「うつ病を治したい」と願う程度では、治りません。

意識と無意識の間を仕切る「強力なバリア」は、通常は二十四時間、強力に働いていますので、意識の領域でどれだけ強く、

「自分はうつ病を克服する！」

と思ったところで、自由に無意識の領域に想念を落とし込めないからです。

では、「イヤラシイ妄想」は無意識に落とし込めるのに、「うつ病の克服」が落とし込めないのはなぜか。

無意識は、その住人であるサブパーソナリティの味方です。サブパーソナリティが心地よく過ごせるよう、バリアを調整しています。

イヤラシイ感情は、イヤラシイことがしたいサブパーソナリティの餌ですからウエルカムな感情です。一方、それを阻止するような意思は、サブパーソナリティにとっては害となるので受け入れてくれないのです。

しかし、**心に「虚」が生まれる**と、一時的に意識と無意識の間を仕切るバリアに穴が空きます。

「虚」とは、「はっ!」とビックリして、頭が真っ白になってしまった状況のことです。あの古文書にあった、「太刀をこめかみの前で寸止めする」というのは、まさにこの「虚」をつくり出す行為だったのです。

「予想外のこと」が起きた瞬間を狙う

さて、「虚」によって、「強力なバリア」に一時的に穴が空いた瞬間、「うつ病が治る」という逆の想念を入れ込みます。すると「病気でいたい」という想念は消えてしまいます。

「虚」の状態は一瞬で消えるので、すぐに強力なバリアは復活します。しかし、うつ状態はその後、徐々に解消されていくはずです。

これが古文書に書かれていた「病気の治し方のからくり」だったのです。

このように「ビックリして頭が真っ白になった時」に「虚」が生じます。

たとえば、強盗に遭遇して突然、刃物を出された瞬間。お化け屋敷でお化けがにゅっと出てきた瞬間。ジェットコースターに乗っている最中や、高い場所で足下をのぞいた瞬間、なども該当するでしょう。

体重をかけようと手を壁に置いた瞬間、グラッとその壁が動いた時や、不意に耳元で大声を出された時なども、そうかもしれません。

ぼんやりと何も考えてない状態の「一瞬、頭が空っぽになる時」も同様です。

煙草に火をつけて、最初に煙を吸い込む瞬間。水を飲み込む瞬間。ビールが早く飲みたいのに乾杯前の挨拶が長く、やっと乾杯をしてビールを喉に通す瞬間。長い信号がやっと変わって青になり、横断歩道を歩き出す、その第一歩目の足が着地する前の瞬間……。

これらが、「虚」が生まれる時です。

「無意識の行動を遮《さえぎ》られた時」も、「虚」の状態になります。

相手が手を出してきたので握手かと思い、自然に手を差し伸べた際に、それを遮られた。靴紐を結ぶためにしゃがみ込み、体を起こそうとしたら、誰かの手などでその行為を遮られた、など。

無意識にしようとした行動を遮られると、一瞬頭が真っ白にならないでしょうか。同様のケースを考えてみると、なかなか楽しいですよ。

4 プラスの暗示をかける「虚」の開運術

「虚」を生じさせる方法ですが、様々な応用が効きます。

あなたに好きな人がいたとします。その相手に対して、「虚」の状態をつくり出し、たとえば「私のことを好きになる」と、願いを言葉にして相手に伝えます。平常であれば反発してしまうような内容でも、相手が「虚」の状態だと、ストンと深層心理の中に入り込みやすいものです。

そうして、「この人のことが好き」という概念が相手の無意識の領域に入ってしまえば、こっちのものです。相手は、「よくわからないけど、この人が好き」

だと思ってくれるでしょう。

心理学で「吊り橋効果」（不安や恐怖を共有した人に恋愛感情を抱きやすくなること）というものがあります。これなどは、まさに「虚」の状態を利用したものといえるでしょう。

他にも、「虚」ではありませんが、「お酒を飲んで酔っぱらっている時」「疲れてぼんやりしている時」なども、意識と無意識の境界線にあるバリアが弱まりますから、無意識の領域に立ち入るのは比較的、容易です。

夜、眠る瞬間や、朝に目覚めた瞬間も、バリアの力は弱まります。

この「一瞬のチャンス」を活かせるか？

「虚」の話をしていると、

「これって、ビジネスにも応用できますか？」

と、質問されたことがあります。クライアントを飲みに誘って、

「私の会社なら、もっといい仕事ができますよ」

「このアイデア、すごくいいでしょ?」

と、売り込んだら効果があるか、と。日本の社会では「接待」と称して、このようなことは、よく行なわれています。

プライベートにせよビジネスにせよ、「アルコールの席で、意中の人を口説く」のは有効かと思います。ただし、飲み過ぎて、「自分の中のおかしな邪鬼」を出現させてしまわないよう、注意が必要です。

最もお勧めの「虚」のタイミングは、乾杯の時です。乾杯と同時に、

「うちの製品、いいですよ」

と話し始めるなんて、どうでしょうか。

意中の相手と二人での食事なら、乾杯の際に、

「ボクたちの交際記念に」

と、冗談っぽく言ってみるのもいいかもしれません。

食べたかったつまみが目の前に運ばれてきた瞬間や、思いもしなかったインパ

クトのある料理が運ばれてきた時などもいいですね。

ただし、「虚」を突くことができるのは、一瞬です。しかも同じ方法で「虚」の状態を何度もつくり出すことは難しいでしょう。失敗のリスクも念頭におきつつ、チャレンジしてみてください。

「前向きな概念」を無意識に送り込む

また、自分に対して、望ましい概念を無意識に入れ込むこともお勧めです。

要は自分を「虚」の状態にし、

「いつも幸せでいられる」

「幸せに満ちた人生を送れる」

「運気が絶えずやって来る」

といった、前向きな概念を無意識に入れ込むのです。

たとえば、

「ジェットコースターに乗りながら、幸せな生活を思い浮かべる」

「高い不安定な場所にのぼり、理想の彼氏を思い浮かべる」

「人に頼んで驚かせてもらい、その人に『年収アップ!』などと、自分の願いごとを叫んでもらう」

「寝室の天井に、『ステキな彼氏ができる』などと書いて貼っておき、寝起きや寝る前にそれを見るようにする」

「酔っぱらっている時に、よい概念をたくさん妄想する」

などです。


考えれば、まだまだよい案は出てくるでしょう。


フォトフォーカス(速読術)を応用する手もあります。

文字を一つひとつ見るのではなく、文章全体をぼんやりと眺める感じで見て、全体を把握するという手法です。

人間の目の網膜には、光に反応する二種類の細胞があります。一つは網膜の中心に位置する錐体《すいたい》細胞、もう一つはその周辺に分布する桿体《かんたい》細胞です。

前者は明るい場所で色を認識し、一般的に私たちが日常でモノを見るために使用している細胞です。ここからの情報は意識（左脳）によって処理されます。

一方、色は識別できないが、光を感知する働きがある桿体細胞から入った情報は、直接、無意識領域に落とし込むことができます。つまり、この目の機能を利用することで、無意識領域のバリアを突破できるのです。

自分の願いごとでも、無意識の領域に入っている困ったサブパーソナリティを打ち消すような文章でもいいので、それらをノートに書き、フォトフォーカスで、それを繰り返し読むのです。そうすることで、その思いを無意識領域に新たに落とし込むことができます。

興味のある人は試してみてください。

5 運気がいいと「神仏のお告げ」をキャッチできる

ここまで「開運法」について書いてきました。

しかし、せっかく運気がよくなっても、自分から積極的に動いて、新しい世界に出ていかないと、そのことを実感はできません。

たとえば、たとえ恋愛運がよくなっても、一日中家に閉じこもっていたのでは、パートナーには出会えません。運気がいい時は、積極的に動かないともったいないですよ。

運気がいい時は、**神仏からの「お告げ」**が必ずあります。それはインスピレーション、いわゆる**「直感」**という形で我々に降りてきます。

「なんとはなしに、ふっと思いついたこと」

――これが直感です。これがお告げです。

直感は、右脳が感じ取ります。

右脳は、人間が細胞レベルだった太古からの、膨大な情報を蓄えている部分で、神仏のお告げをもキャッチできる特別な部分です。

ですから、基本的に右脳の判断には間違いがありません。

ただし、右脳がお告げをキャッチした一秒にも満たない瞬間に、次は左脳が動き出します。

左脳は、たとえば私であれば、たかだか五十数年分の情報しか蓄積されていない、頭の悪い部分です。理屈を並べて臆病な判断しかしません。右脳の「直感」をいつも打ち消します。

ですから、大切な判断は、「左脳が動き出す前の瞬間」に決める必要があります。

ほとんどの人は、残念ながら一秒後の左脳の判断に任せて行動しています。つまり、「神仏の声」を無視して行動しているのです。

それでは、「開運生活」は叶いません。

夜中に「ケーキが食べたい」……この直感をどう活かす？

これは実際にあった話です。

「彼氏募集中」の二十歳の女性がいました。ある真夜中のこと。急に「ケーキが食べたい」という衝動が起こりました。彼女はその衝動（直感）に従い、迷わずコンビニに行きました。すると、そこに素敵な男性がいて、その偶然の出会いがきっかけで二人は恋人になりました。

この場合、「ケーキが食べたい」という衝動は、「神仏」が起こしたのです。しかし神仏は、彼女にケーキを食べさせたかったのではありません。「コンビニに行ってほしかった」のです。このように神仏はストレートに指示を与えてはくれません。

いつも「抽象的な指示」をお与えになります。

たいていの人は、夜中に「ケーキが食べたい」と衝動（直感）が降りてきても、一秒後には左脳の判断が働き出すので、
「真夜中にコンビニに行ったら危ないじゃないか」
「ダイエット中なのに、ケーキを食べたら太っちゃう。ガマン、ガマン」
などという左脳の指示に従い、コンビニに行くことはないでしょう。

そして、朝になってから「そういえば、ケーキが食べたかったんだ」とコンビニに行っても、当然、彼氏として出会うはずだった男性はもういません。それどころか、結局ケーキを食べてしまうことで、ダイエットにも失敗し、「さらに太ってしまった」という皮肉な結果を招いてしまうこともあります。

このように、直感（神仏の意思）に従わないと、ものごとがうまく運ばないことは、日常生活でよくあることなのです。

「ピンときたこと」には乗ってみる

神仏は、「今すぐやること」のみを、直感で知らせます。

ですから、直感が降りて来たら、一秒もかけずに判断して、素早く行動に移しましょう。直感を恐れてはいけません。**直感は神仏の啓示**だからです。まずは、直感を信じて行動してみてください。

もちろん、欲望と直感は別ものです。深夜、「カップラーメンが食べたい。これは直感だ」と、夜食を繰り返していたら、太ってしまうだけです。また、「この人は運命の人かもしれない」と、会う異性、会う異性と関係を持っていたら、ふしだらな人間だと思われても仕方がありません。

では、「欲望」と「直感」の違いは何でしょうか。次の項で説明します。

6 安心して「直感」を信じる

「欲望」と「直感」の違い、それは、**「欲望」とは「左脳で考えたこと」**です。

実際にあった、クライアントのAさんの事例をご紹介します。

彼女は専務直属の秘書をしていました。その専務が社長に昇格することが決まり、専務は引き続き彼女に自分の秘書を続けてほしいと告げました。

彼女の思いは複雑でした。社長秘書になるのは光栄なことだけれど、今以上に仕事が忙しくなって、自分の時間が持てなくなり、大好きな習いごとに行けなくなる可能性もある、と考えたからです。

彼女は、社長秘書の仕事を受けるかどうか、一週間もあれこれ考えていました。

私は、悩んでいる彼女に質問しました。

「専務から『社長になっても秘書を続けてほしい』と言われた時に、最初にどう思いましたか？」

と。すると、

「やった！　うれしい！」

と感じたのだそうです。これが直感です。これが神様の啓示なのです。

しかし、彼女はその後も左脳であれこれ考えて「自己の想い」をせっせと構築し続け、カオスに陥っていきました。

私は「やった！　うれしい！」と思った気持ちに従いなさいと助言しましたが、彼女が一週間悩んでいる間に、社長の秘書は違う人に決まってしまったのです。

おまけに彼女はその後、他部署に異動することになってしまいました。残念ながら、この部署の仕事は彼女としてはやりがいが感じられなかったそうです。

繰り返しますが、神様は「今やるべきこと」しか告げてくれません。一週間後にそれに従っても遅すぎるのです。

「直感の先延ばし」は、するべきではありません。

今すぐ動きましょう。明日ではありません。

迷った時には「気持ちがほっこりする方を」

確かに、いざ目の前に将来を左右されるであろう二つの選択肢が用意されると、なかなか選ぶのが難しいものです。

どうしても迷ったら、
「気持ちがほっこりする方を」

と、私はアドバイスしています。

「ほっこり」とは、自分の気持ちに嘘偽りがない時に、心の中に「ほっ」と生まれる、無垢《むく》な感情です。心の奥底の「魂」の部分から湧き上がってくる「真実の感情」ですね。

「ほっこり」な気持ちは、きっと天ともつながっていると思うのです。

「ほっこり」な気持ちをたくさん体験できる人生でありたいですね。

心を澄まして周りを眺めてみると、「ほっこり」は意外と身近に溢《あふ》れているものです。

つくしやタンポポを今年初めて見つけ、暖かな春を感じて「ほっこり」。

おいしい鯛焼きを食べて「ほっこり」。

友だちのさりげないやさしさを感じて「ほっこり」。

……などなど。

みなさんは、近頃「ほっこり」した感情を経験しましたか？

「ほっこり」の積み重ねが、より素敵な未来へとあなたを導きます。

コラム4

お金とは「感謝のエネルギー」

お金が流通していない昔は、物々交換でほしい物を手に入れていました。

たとえば「大根」をもらったら「ありがとう」の気持ちを表現するために、「魚」をそのお返しに渡すといったやり取りが行なわれていました。

ここでは「ありがとう」という感謝のエネルギー（感謝の気）が、「魚」という形で具象化されたことになります。

今は、「大根」を必要とする際は、「大根」を提供してくれたお店に対して、「ありがとう」の気持ちを「お金」を用いて等価交換します。

つまり**お金とは、「ありがとう」という感謝の気持ちのエネルギーを具象化したもの**といえます。

このことから鑑《かんが》みると、お財布はいろいろな人から受け取った「感謝のエネルギー（感謝の気）」を貯めておく場所だといえます。

したがって財布の中身とは、「感謝のエネルギー交換」をこれまでどの程度、行なってきたかの指標であり、

「自分の心の器の大きさ」を表わすもの

といえます。

また、財布を大切にする、財布にこだわるといった気持ちは「感謝のエネルギー」を常に意識しているということであり、日常の生活の中でも、そのエネルギーをより多く呼び込みやすくなります。

したがって、財布へのこだわりは金運を招き、よりいっそうの金運アップが約束されます。

さて、お金はもともと「感謝のパワー」を持っていますが、人が使っているう

ちにいろいろな人の「負の念（邪気）」も蓄積されていきます。特に、お金がらみでは人間関係の問題が起こりやすく、それは「怒りの邪気」に変化します。

これはマイナスのエネルギーなので、本来のお金に内在する「感謝のエネルギー」がその分、マイナスとなってしまいます。

では、どうすればいいのでしょうか。

五行でいうと、**怒りの邪気は「木気」が過ぎたもの**ということになります。

それを剋するためには、どうすべきか。紙幣を「金気《かなけ》」を持つアルミホイルに包み、その上に盛り塩をして一晩、安置しておくことです。月光にさらした水晶のザラメ石（水晶を細かく砕いたもの）の上に一晩置いておくのもよいでしょう。

そうすると怒りの邪気が消え、「感謝のパワー」が残ります。感謝のパワーが満ちているところには金運がやって来るので、そのパワーが満ちたお金を使い、流通させることによって「財を生む」という果を生じます。

風水に「安忍水《あんにんすい》」というものがあります。中国で勢いのあった清朝《しん》の六人の皇帝の時代に流通していた貨幣を用いる開運の手法で、それに該当する貨幣を「六《ろく》帝古銭《ていこせん》」といいます。

日本でも、勢いのあった時代があります。幕末と、明治維新の頃と、一九五〇年代から七〇年代前半の高度経済成長期の頃です。

特に、東京オリンピックが開催された一九六四年、大阪万博が行なわれた一九七〇年のお金には、パワーがあります。それらの年に発行されたお金をお財布に入れておけば、金運は必ずアップします。

明治時代発行の「龍銀貨」や「龍銅貨」と呼ばれる貨幣、そして、いわゆる「ギザ十」とよばれる縁《ふち》がギザギザになった十円玉などもよいでしょう。「ギザ十」はちょうど活気のあった高度経済成長期の頃に発行されたものなので、財運パワーを持っています。

ただし、古銭は汚れており、汚れは穢れであり、「気が枯れる」という意味を持ちますので、酢などにつけておいて、ぴかぴかに再生させた硬貨を持つことをお勧めします。

5章

「浄化」と「招福」を約束する生活習慣

——試してみるごとに、心もスッキリ！

1 こまめな「浄化習慣」が幸運を引き寄せる

「邪気」の話をしていると、

「物品にも邪気は憑きますか？」

と、聞かれることがあります。もちろん、憑きます。

特に、**塩や貴石など結晶性のものは、「マイナスの感情エネルギー」を吸収する性質**を持ちます。

アメリカのスミソニアン博物館（自然史博物館）に所蔵されている世界最大のブルーダイヤモンドで、持ち主が次々と破滅していったという都市伝説が語られる**「呪いのホープダイヤ」**などは、その代表格といえるでしょう。

宝石類の困った点は、身に着けている人はもちろん、つくった人のエネルギーや感情を、そして店頭に展示されているものなら、そこを訪れた人々の邪気をも吸収する、という点です。

ですから、ハッピーな方から宝石を譲り受ける分には全く問題がありませんが、苦労や辛い思いをしていらした方から何かをいただく時は、注意が必要です。これはパワーストーンも同様です。

スマホには「よろしくない念」が溜まりやすい

電気を帯びる家電や、体に密着して使用する洋服やカバンなどにも、微弱ながら邪気は憑きます。

持ち主の思い入れの強いものだと、より強く憑きます。「思い入れ」というと、**スマホや携帯電話**などは最たるものです。

最近は、本体が高額なこともあり、中古のスマホが売買されているようですが、スマホは、自分と誰かとの念をやり取りするという意味合いもあり、宝石よりも邪気にまみれているケースもあります。

「スマホを替えたら、彼氏ができた」

という話を受講者から聞かされたことがありますが、替える前のスマホでは、よほど怒りや哀しみの念のやり取りをしていたのかもしれません。

最近は、リサイクルショップや質屋のイベント、フリーマーケットなどにわざわざ出向かなくても、インターネット上で気軽に物品が売買できるようですが、やはり、新品のものを求める方が安心でしょう。

というのも、古着も以前に着ていた人の念が入っていることが多く、運気を落としやすいアイテムだからです。靴も同様です。

財布も避けたいアイテムの一つです。芸能人がたまに、

「成功した先輩からもらった財布を使っていたら、自分もテレビに出られるようになった」

といったエピソードを紹介していますが、財布に念が憑きやすいという実例だと思います。財布に憑いた念がポジティブなものならいいのですが、ネガティブなものだとしたら……。恐ろしいですよね。

ブランドものの財布が質屋などに並んでいるようですが、出所を考えると、購入するのはどうかと、首をかしげてしまいます。

新品でも、ワゴンに入った服をバーゲンセールで取り合いになりながら買ったような場合なども、「欲」という邪気にまみれてしまっているので運気を落とします。

ただこれらの服は、一晩冷水に浸してから洗濯をして着れば、問題ありません。

2 塩でエネルギーをクリアに

持ち物に邪気が憑いていたとしても、処分する必要はありません。「邪気祓い」ができるからです。

最もメジャーなのが、「火の祓い」でも紹介した、お香によるものでしょう（103〜105ページ参照）。

怒りの邪気にはセージ、哀しみの邪気には沈香の煙を十秒ほど当てるだけで、邪気は祓えます。

もちろん、いい香りなので、そのまま炊き続けてもいいでしょう。「浄化」と「招福」を叶えることができます。ただし、ダイヤモンドなど、熱に弱いジュエリーがありますので、素材を見極めて行なってください。

満月の月光にさらした「塩」の効果

また、ジュエリーやパワーストーンであれば、水晶のザラメ石の上に置くと浄化できます。目安は一昼夜です。

「怒りの感情」を内包しているようであれば、塩の上に置くのもお勧めです。というのも、透明で結晶質のものは、邪気を吸収する性質を持っているからです。日本では**塩づくりは「ご神事」**とされてきましたし、古代からお祓いに用いられてきました。だからこそ、浄化やお祓いの際には、日本の伝統的な手法でつくられた天然塩を使用することを私はお勧めしています。

この塩を**満月の月光にさらす**と、さらに邪気を祓うパワーが増幅するといわれています。ちなみに、月の満ち欠けは人間に大きく影響していると思います。私は満月の日には目眩《めまい》がしますし、今でも日々の暮らしでは陰暦を大切に考えています。

さらに、塩は**円錐形に盛ると、ピラミッドパワーでエネルギーがアップ**します。こちらは一晩を目安に浄化してください。

しかし注意したいのは、塩分に弱い石があるということ。アンバー、アズライト、アラゴナイト、オパール、カルサイト、クリソコラ、スギライト、セレナイト、ターコイズ、チャロアイト、パイライト、フローライト、ヘマタイト、マラカイト、ラピスラズリなどが該当します。

手持ちの石が塩分との相性が悪いようでしたら、**玄米**や、**粉末になった白檀《びゃくだん》（香木）**でも代用ができます。

3 「音」のパワーで空間と心を浄化する

「言霊」にはパワーがあると前述しましたが（40～41ページ参照）、「音」や「音楽」にも、空間や物品を浄化するパワーを持つものがあります。「音霊《おとだま》」とでもいいましょうか。

『水は答えを知っている』（江本勝著、サンマーク出版）という本があります。この本は、水にいろいろな言葉や音楽を聴かせると、氷結結晶が変化するということを、写真入りで紹介したものです。

ここに書かれていることは、音の響きがいかに影響力が強いか、ということを示すいい例だと思います。

「Eの音叉」は怒りを、「Aの音叉」は哀しみを浄化

たとえば、音叉《おんさ》などは、音色が澄んでいて、とてもいいですね。

ちなみに、「Eの音叉」は怒りの邪気を浄化し、「Aの音叉」は哀しみの邪気を浄化してくれます（E＝三二九・六ヘルツ、ミの音。A＝四四〇ヘルツ、ラの音）。

というのも、音にも五行があって、

「木」……ミの音
「火」……ソの音
「土」……ドの音
「金」……レの音
「水」……ラの音

という形に分類されるからです。

浄化したいと感じる部屋の中や、浄化したいと思う対象物の間近で鳴らし、半時計回りに音叉を螺旋《らせん》を描くように回すといいでしょう。

特に気になることがなくても、鳴らしていると気持ちが落ち着くものですよ。

ところで、「クリスタルチューナー」と呼ばれる音叉があります。

高性能のパイプオルガンが出せる最高音のド、「Cの音叉」になるのですが、残念ながら邪気を祓う効果はありません。ただ、持ち物や空間のパワーをアップする効果はあるのかもしれません。


ちなみに、心臓や呼吸など、人間の一定のリズムと音楽が共鳴すると、潜在能力（右脳が司る）が刺激されて浮き上がってくるため、インスピレーションをとらえやすくなるといわれています。

心臓の拍動は、安静時で一分間におよそ六十～七十回とされています。それと同じくらいのテンポというと、アダージョ（ゆるやかに。ＢＰＭで五十二前後）

や、アンダンテ（歩く速さで。BPMで七十二前後）の曲ということになるでしょうか（BPM＝一分間あたりの拍数）。

以前、「アダージョ・カラヤン」というアダージョの名曲ばかりを集めたクラシックのCDが話題になりましたが、多くの人に愛された理由も、「心臓の拍動のテンポに近い曲を集めた」というところにあったのかもしれませんね。

「宗教音楽」は、すべていい

他にも、**「倍音」**と呼ばれている音の中にも「音霊」ともいえる、神秘の力が潜んでいると思います。

倍音とは、簡単にいうと、基本となる音の振動数の整数倍の振動数を持つ音のことです。原理を説明すると、音の周波数や波形から説明が必要になるので省きますが、この倍音は、太古から精霊や高次の魂とつながるためにも用いられていました。

ネパール仏教やチベット密教で用いられてきた法具のシンギングボウル、世界各地で民族楽器として用いられ、日本ではアイヌ民族が好んで使用していたという口琴《こうきん》、ネパールの伝統的な楽器チベタンベル、チベットの伝統楽器チンシャ、アボリジニのディジュリドゥ、また楽器ではありませんが、モンゴルのホーミーという発声法（一度に二つの声を同時に出す）も有名ですね。

宗教儀式にも用いられているこれらの楽器や音は、ほぼ邪鬼を祓う効果があるといってもいいと思います。

日本でいうと、仏様に対して鳴らす「おりん（鈴）」や、お寺の鐘もそうでしょう。もちろん、神社の鈴や柏手の音にも、空間を浄化する効果があります。三三七拍子や一本締めなどもいいかと思います。

「祝詞や賛美歌、お経はどうなの？」という質問もありそうですが、こちらはどちらかというと「言霊」に近いかもしれません。

4 「伊勢神宮の五十鈴川」の浄化パワー

伊勢神宮（内宮《ないくう》の境内）を流れる**五十鈴川《いすずがわ》**では、たくさんの人がアクセサリーなどを水に浸け、浄化している姿が見られます。

水は、「プラスの気」も「マイナスの気」もよく溶かすという性質を持っていますから、清らかな水に浸けることで、対象物が浄化されるのです。

もっとも、対象物が塩水に弱くなければ、五十鈴川で浄化するよりは、**二見浦《ふたみがうら》**で浄化することを私はお勧めします。

というのも、古来から二見浦は、伊勢神宮に参拝する前に禊をする場所とされているからです。

余談ですが、**「伊勢神宮」の正式参拝は、二見浦の「二見興玉神社」から**といわれています。

そして、**「猿田彦神社」**にお参りをします。猿田彦神社には「ものごとの始まりの際の道標《みちしるべ》」となってくれる猿田彦様が鎮座されているので、お伊勢参りの道中を安全に案内していただくという意味もあります。

そして、神宮の「下宮《げくう》」から「内宮」へと参ります。

少し離れていますが、**「多度大社《たどたいしゃ》」**もお勧めの神社です。

「お伊勢参らばお多度もかけよ、お多度かけねば片参り」と詠《うた》われているほどで、時間が許すのであれば、やはり立ち寄りたいものです。

さらに加えるなら、私は住んでいる場所柄から、最後に猿田彦神社の総社である**「椿大神社」**に参拝して、「お伊勢参り」を締めています。このお社は伊勢国の一の宮で、絶大なパワーがあると感じているからです。

話を戻しましょう。

もちろん、二見浦や五十鈴川まで出向かずとも、容器に水を張って三時間以上浸けるだけでも、物品に憑いた邪気は祓えます。ただ、使用済みの水には邪気が溶け込んでいますので、大地に戻すようにしてください。

もう少し効果を期待したいなら、流水にさらしましょう。こちらは一時間以上が目安です。

しかし、水に弱いパワーストーンや宝石もありますので、次のようなものは要注意です。

アズライト、アンバー、インカローズ（ロードクロサイト）、カルサイト、ギベオン、金、クリソコラ、コーラル、スギライト、セレナイト、ターコイズ、パイライト、パール、ヘマタイト、マラカイト、ラピスラズリなど。

春雷驚《しゅんらいきょう》龍《りゅう》鍋《なべ》（チュンレイチンロングゥオ）と呼ばれる風水の道具をご存じでしょうか。

簡単にいうと、上向きの取っ手が二つ付いた青銅の鍋なのですが、この鍋に水を張り、その水で手を濡らして取っ手をこすって振動させると、不思議な響きの音と共に、水の表面が波打ちます。この振動によって、鍋の底に龍穴《りゅうけつ》（龍＝地の気が噴出する場所のこと）ができるといわれています。

この春雷驚龍鍋などは、浄化する水を入れる容器としては最適でしょう。

寿山流「神水」のつくり方

水の浄化といえば、私は自分でご神水《しんすい》をつくってよく用いています。この方法も紹介しておきましょう。

まず、井戸水（またはミネラルウオーター）を器にくみます。器の大きさは用途に合わせてください。水の量は器の八分目程度です。榊《さかき》の枝（葉付き）を用意し、水面にふーっと息を吹きかけます。

そして、右回りに榊の枝を水面で回しながら**「ふるべ　ゆらゆらと　ふるべ」**と、一回、唱えます。

次に、左回りに榊の枝を水面で回しながら、同じく**「ふるべ　ゆらゆらと　ふるべ」**と、一回、唱えます。

再び右回りで**「はらえたまえ　きよめたまえ　まもりたまえ　さきわえたまえ」**と一回唱えます。これでご神水のできあがりです。

簡単でしょう？　ご神水のつくり方は多種多様です。いろいろと試した結果、私はこの方法に行き着きました。

このご神水は、パワーストーンなどの浄化に使えるのはもちろん、枯れかけた植物にあげると元気になります。プランターや畑の野菜にかけると、神気に満ちた野菜ができます。

そして、ご神水に向かって願いごとを告げて眠り、朝起きてすぐに飲みほすと、いつの間にか願いごとが叶っています。

この場合は、マグカップなど小さめの器を用いて、毎日行なうことが肝要です。早い人は、三日で心願成就の手応えが得られるでしょう。

5 「龍神の神気」を宿す方法

大地からこんこんと湧き出る、いわゆる**「湧き水」**は、ほとんどが清涼な水といえます。この水に浄化したい物品を浸すだけでも、邪気は祓えます。

さらに心願を成就させたいのなら、手持ちのパワーストーンやアクセサリーをこの水にさらし、**龍神印《りゅうじんいん》を結び、秘呪《ひじゅ》を唱えた後、祈願する**といいでしょう。

願いが龍神に通じて、パワーストーンに神気が宿ります。

まず、「龍神印」の結び方ですが、右手を開いて手のひらを上に向けます。これは「四《よ》つの海《うみ》」、つまり天下、この世の世界を表わします。

そして、左手の人差し指から小指までを第二関節で、親指を第一関節で折り曲げて龍体をつくり、左手の小指の側面を右手の手のひらに付けます。

この時に唱える秘呪は、

「よつのうみ　いつつのくにの　あるじとは　あがおおきみの　あまつわだつみ」

です。

中国皇帝も用いたパワーアップ法「七星陣」

変わった方法としては、**「七星陣《しちせいじん》」**を用いたパワーアップ法もあります。

この七星陣を部屋に置くと、空間をエネルギーで満たしてくれます。

七星陣

二つの正三角形を組み合わせた
星形の六角形の中心に、
大きな水晶を置く

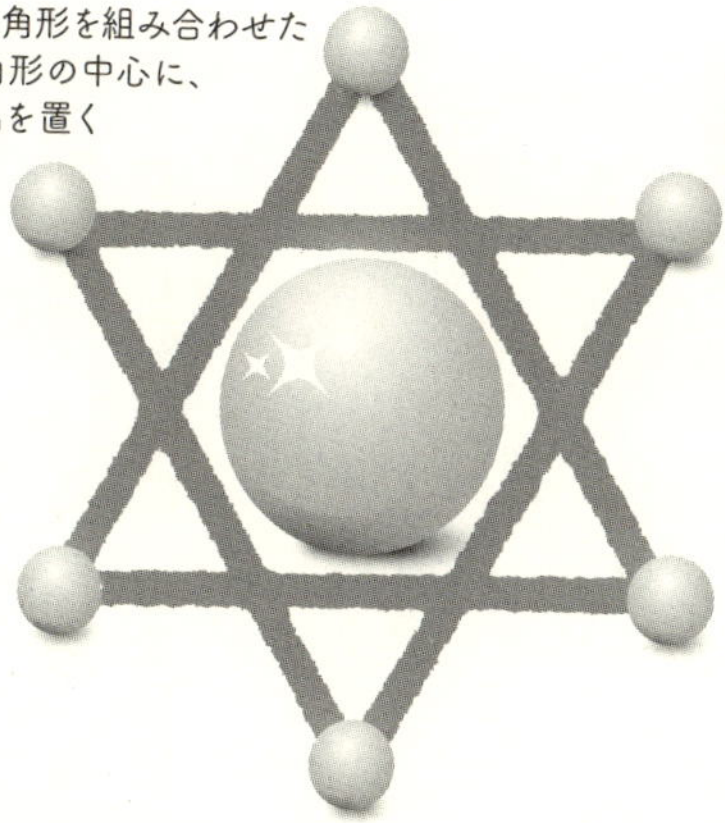

「七星陣」のつくり方ですが、二つの正三角形を組み合わせた星形の六角形、いわゆる「ダビデの星」の各頂点に小さな水晶を置き、さらにその中心に大きな水晶を置きます。

周囲六つの水晶の力を、中心の水晶に共振させることで、開運のエネルギーを強力に高め、効果を増強してくれるのです。

中国・北京の紫禁城《しきんじょう》の中にある、皇帝が座る玉座の真上にもこの「七星陣」が設置されていることからも、ご利益のほどがわかるかと思います。

6 「若水」と「大福茶」で新春の気をいただく

陰陽道や古神道に存在する知恵として、私が大切に思っているものの中に、「年中行事」や「伝統行事」があります。

そのうち、日々の生活に取り入れている**招福の〝儀式〟**をいくつか紹介していきたいと思います。

まずは、元日にいただいている**「若水《わかみず》」**。

元旦（一月一日の朝早く）、または立春の日の朝早くにくむ井戸水のことを指し、この水を飲めば一年間の邪気を祓い、無病息災でいられるといわれています。

とはいえ、飲み水になる井戸のある家は今、ほとんどありませんよね。それでも「若水」を望まれるなら、神社の中や各所にある、「名水」と呼ばれる湧き水でも代用できるかと思います。

実はこの水を、私は**「真名井《まない》の神水」**にして飲用しています。

まず、飲用が可能な井戸水か、岩間から湧き出る清水を用意します。そして、この水一斗（十八リットル）に対し、塩一合、酒一升（一・八リットル）を混ぜ、水晶（もしくは黄金）を浸します。

注意すべきは、夜半から夜明けにかけての、チリやホコリが立ちにくい時間帯につくること。そして、調製したその日のうちに使用しなくてはいけません。

私は大晦日《おおみそか》にくんできた、近所の湧き水を用いてつくっています。

「若水」として「神明水《しんめいすい》」を飲用する方法もありますが、神明水はつくり方が複雑なため、お勧めはしません。しかし、参考までに方法を紹介しましょう。

晴れ渡った日の日没から一時間程度たった頃の井戸の水、もしくは湧き水をくんで、不浄ではないきれいに洗われた器に移します。水量一合に対し、日本酒三滴、塩ごく少量、黄金もしくは鉄を少量、浸して、屋外の清浄な場所に八足台《はっそくだい》（神様に供物《くもつ》を捧げるための檜《ひのき》の台）を据えてその上に載せ、北方を神座として供えます。

そして、日神《にちじん》（天照大御神）と、金神《こんじん》（方位の神様）、水の神様に祈りを捧げながら一夜を過ごし、朝日がさす直前に服用する、というものです。

夜中とはいえ、雨だったり、空が曇っていては、効果がありません。また、少しでも日光に当たったものも、効果はないようです。

福を招くお茶、大福茶

元日には、「真名井の神水」と共に**「大福茶《おおぶくちゃ》」**もいただいています。こちらは、年末になると取り扱うスーパーやデパートもあるので、ご存じの方も多いでしょう。

大福茶は、平安時代（村上天皇の時代）に生まれました。

当時、京の都では疫病が流行していました。そこで、空也上人《くうや》（念仏を勧め浄土教を広める。六波羅蜜寺《ろくはらみつじ》を創建）は、自ら十一面観音を刻み、車に載せて市中を巡回しながら疫病の退散を祈りました。

その際に空也上人は、お供えした干した小梅と結び昆布を入れたお茶を、病気の人々に飲ませました。その結果、疫病は終息。喜んだ村上天皇は以来、元日にこの「大福茶」を服すようになったのだそうです。このお茶は皇服茶《おうぶくちゃ》（王服茶）とも呼ばれます。

大福茶は、家庭にあるものでも簡単につくれます。

まず、小梅と結び昆布、山椒《さんしょう》、煎った大豆を湯のみに入れます。この湯のみに番茶を注げば、でき上がりです。

私は、このお湯に湧き水を用いますが、水道水でも十分効果はあるでしょう。

年に一度のスペシャルな日ですから、勝負の年にしたい時は、ぜひお試しください。

鬼を追い祓うパワーを持つ「お屠蘇」

そして、元日に忘れてはいけない飲み物が**お屠蘇**《とそ》で、私は年末の十二月二十日頃から仕込んでいます。

「屠蘇」の「屠」は追い祓うという意、「蘇」には鬼という意味があります。

お屠蘇は、新しい年の出発にあたって邪気を祓い、新陳代謝の滞りを清掃し、身体を清健にして長寿を願うために処方されたものです。

市販のお茶用パックに屠蘇散を詰め、二〜三リットルのみりんに漬け、一週間以上寝かせてから取り出せば、お屠蘇の完成です。

ちなみに、現在の一般的な屠蘇散は「延寿《えんじゅ》屠蘇散」といわれ、

「白朮《びゃくじゅつ》」（キク科オケラの根茎：健胃、利尿）

「桔梗《ききょう》」（キキョウ科キキョウの根：鎮咳《ちんがい》、去痰《きょたん》、排膿《はいのう》）
「山椒」（ミカン科サンショウの果皮：健胃〈香辛料〉、駆虫、殺菌）
「防風《ぼうふう》」（中国産セリ科ボウフウの根：解熱《げねつ》、解毒）
「桂皮《けいひ》（肉桂《にっけい》）」（中国産クスノキ科シナニッケイの樹皮：健胃〈香辛料〉、発汗、解熱）
「陳皮《ちんぴ》」（ミカン科ウンシュウミカンの果皮：健胃）
「丁字《ちょうじ》」（インドネシア産フトモモ科チョウジの蕾《つぼみ》：健胃〈香辛料〉、駆虫、殺菌）

以上の薬効植物から構成されています。

こちらも年末になると、すでに調合されたものがスーパーやデパートで取り扱われています。

7
お粥は最強の「除障料理」

新春に食すものといえば、**お粥《かゆ》**があります。

一月七日には、お正月のごちそうで疲れた胃腸を休めるため、七草粥を食べる方も多いでしょう。

七草とはご存じの通り、セリ、ナズナ、ゴギョウ、ハコベラ、ホトケノザ、スズナ、スズシロの七種の植物を指します。

スズナ、スズシロは、カブと大根を指しますが、『古事記』『日本書紀』の原典ともいわれる古史古伝『ホツマツタヱ』（『秀真伝』）にも、「血を汚す獣肉を食べたら、カブ、ダイコンで浄化する」

とありますから、古くからその効能は知られていたのでしょう。そもそも、お正月のまだ寒い時期にもかかわらず、元気に育っている春の七草には、強い生命力の気が宿っています。それを摂取することは、体にとてもよいことだとも思います。

七草粥のつくり方は、炊いたお粥にゆがいた七草を混ぜるなど、家庭によって様々な調理法があるでしょうが、私はここにも一工夫しています。

まず、お米一カップ、そして湧き水四・五カップを圧力釜に入れて、そのまま七分間、火にかけます。その後、二十分ほど放置します。その間に七草を刻み、炊き上がったお粥の中に混ぜ、蓋をしてさらに十分ほど寝かせます。

こうしてできた七草粥を、私は竹の器に入れていただきます。

「かぐや姫が竹から生まれた」と表現されたように、古来、竹は「神秘的な力」を有するとされているからです。

小正月(一月十五日)には、小豆粥

小《こ》正月（一月十五日）には、小豆粥《あずき》を食べ、悪鬼を祓うという風習があります。小豆の「赤」は邪気を祓うとされているからです。

日本には、祝いごとなどがあると「赤飯を炊く」という風習がありますが、これも小豆の赤に邪気祓いの効能を求めているのでしょう。

さて、私の小豆粥のつくり方ですが、まず、お米一カップに対し、小豆を五十グラム、お餅を二切れ用意します。

よく水洗いした小豆と水（一・五カップ）を強火にかけ、沸騰したら一度ザルにあげて、ゆで汁を捨てます。もう一度、小豆と水（一・五カップ）を火にかけ、沸騰したらごく弱火にして蓋をして四十分程度ゆがき、小豆がほんの少しかためにゆだっていたらザルにあげます。この時、ゆで汁は捨てずにとっておきます。

お餅は、八等分のさいの目切りにします。

研いでザルにあげた米一カップと水四・五カップ、小豆のゆで汁〇・三カップを鍋に入れ、火にかけます。沸騰したら塩を少々加えてごく弱火にし、アクをすくいながら四十~五十分、上澄みがひたひた程度になるまで煮ます。途中、水気が足りないようなら、水を差します。

その後、鍋に小豆とお餅を加え、お餅が柔らかくなったら完成です。

新春ならではの、幸運を招く杖

さて、「**粥杖**《かゆづえ》」という縁起ものがあります。

七草粥、小豆粥を炊いた時に使った燃えさしの薪《たきぎ》のことで、この粥杖で叩かれると、女性は男の子を産むことができるといわれていました。さらに、女性が男性のお尻を叩くと、その男性の子どもを宿すともいわれていたようです。

清少納言の『枕草子』の中にも、小正月に「粥杖」を持った男女が、楽しげにペンペンと叩き、あるいは逃げまわって遊ぶ様子が描かれています。

8 「五節句の日」に邪気祓いが必要な理由

私が大切にしている行事に、**端午《たんご》の節句**があります。

古来、午《うま》の月の五月は、邪気や毒気の多い、凶の月とされ、忌《い》み慎《つつし》むべきだとされていました。この五月の、さらに初めの午の日にあたるのが「端午」です。

そこで昔の人々はこの日に「菖蒲酒《しょうぶ》」を飲み、「菖蒲湯」に浸かり、「ちまき」を食べることで、邪気を祓い、疫病除けを願ってきました。

というのも、菖蒲は「尚武《しょうぶ》」に通じることから、またその葉形が刀剣に似ていることから、「妖魔を斬り払（祓）う力を持つ」とされていたからです。

端午の節句といえば、菖蒲の葉を編んで「菖蒲刀」と称して子どもたちが地面を打ち合い、音の大きさを競ったりする「菖蒲打ち」なる遊びがありますが、これも邪気祓いの一種といえるでしょう。

私もこれらに倣《なら》って、五月五日は「菖蒲湯」に浸かり、晩酌には細かく切った菖蒲を熱燗《あつかん》に浮かべて飲むようにしています。

他にも邪気祓いとして、菖蒲を屋根にかけ、ヨモギでつくった草人形を門戸に飾るという中国伝来のしきたりも、古くから日本に普及していたようです。また、ヨモギと菖蒲を一緒に差した菖蒲飾りもつくられていました。

私も、菖蒲飾りは欠かさずつくり、リビングの壁に飾っています。

五月五日には「薬玉」づくりで長寿を祈る

さらに毎年、五月五日には必ずあるものを製作しています。「**薬玉**《くすだま》」です。

よい香りは邪気を寄せつけないといわれています。そこで、昔の人々は麝香《じゃこう》、丁子《ちょうじ》などの香料を袋に入れ、菖蒲やヨモギを結び付け、五色の糸を長く垂らした飾り玉「薬玉」をつくり、家の柱にかけていました。

ちなみに薬玉は、「続命縷《しょくめいる》」あるいは「長命縷」といって、その名の通り「長寿を祈るまじない」として用いられていました。

私は、五月五日の「一番鶏が鳴く時刻」、つまり夜明け前に近くの山に行き、採ってきたヨモギをアク抜きして握りこぶし大の団子状にし、菖蒲の葉っぱを巻いたものを「薬玉」として、九月九日の「重陽《ちょうよう》の節句」まで、部屋の壁に飾っています。**ヨモギは最強の邪気祓いの薬草**だからです。

ヨモギのアク抜きの方法ですが、まず、採取したヨモギをよく水洗いして汚れを取ります。

そして、鍋に重曹《じゅうそう》をスプーン一杯入れます（塩を入れるよりも、色が鮮やかになります）。葉の裏が緑色になるまでゆで、ゆで上がったら、ただちに流水で冷やします（放置すると色落ちします）。水気を絞ったら、完成です。

ここまでキレイにアク抜きをすると、食用にもでき、私はこのヨモギを用いて、ミキサーでペースト状にしてヨモギ餅をつくったり、薬味として使ったりもしています。

そうそう、ヨモギの葉を押し花状にして財布やカバンに入れておくと、邪気除けの結界にもなります。

七夕に不可欠な「梶の葉」

「五節句」という言葉があります。

陰陽道では、奇数（陽）は縁起のいい数とされてきました。この奇数が重なる日が一月七日（一月一日は別格とされていた）、三月三日、五月五日、七月七日、九月九日の、五日あるため、五節句といわれてきました。

これらの日は、**「運気が高まる日」**とされてきましたが、裏を返すと翌日から運気が下り坂になることを意味します。邪気祓いが行なわれるのは、そのためです。七月七日もやはり、邪気祓いが必要な日になります。しかし、私は「邪気」というよりも、この日は単純に古来の「七夕《たなばた》」の行事を楽しむようにしています。

七夕の日を楽しむために、必ず用意しているのが**梶《かじ》の葉**です。梶の葉は、公家《くげ》文化を現在に伝える京都の冷泉《れいぜい》家で、七夕の飾りとして今も用いられる特別な植物です。

「梶の葉に願いごとを書くと叶う」とされていますが、このまじないは平安時代からありました。そこで私は、梶の葉に自分の思うことを書きつけ、護符にしています。というのも**「梶の葉」には霊力がある**と信じているからです。

一年で最も重要視する「重陽の節句」

さて、私が一年で最も大切にしているのが、九月九日。**「重陽の節句」**と呼ばれる日です。

九は奇数の中で最も大きな数字。これが二つも重なるのですから、**一年で最もエネルギーが強い日**だといえるからです。

この日に必ずいただいているのが、**「菊酒」**です。

お神酒《みき》に食用菊の花を浮かべて飲むというもので、寿命のお酒ともいわれています。また、邪気祓いにもなります。

そしてこの日、五月五日につくった、「薬玉」を降ろします。その代わり、「茱萸袋《しゆゆぶくろ》」をつくり、リビングに飾っています。

これは、呉《ご》茱萸というミカン科の植物の果実を入れた袋に菊を差したもので、邪気を祓うために、古来、身に着けたり御帳台《みちょうだい》にかけられたりしてきました。

呉茱萸は、日本でその実を見ることはほとんどできません。そこで私は、漢方薬に使う材料を取り寄せて、茱萸袋をつくっています。

ちなみに菊は、邪気祓いに有効な植物です。

葬儀祭壇や仏壇、お墓などによく菊の花を飾りますが、私はこれは実によく考えられていると思います。死者の手向《たむ》けになる一方で、供える側が受ける邪気も祓ってくれるからです。

また、九月九日には、翌年の一月七日に飲むための「松酒」を仕込みます。**松は仙人食の代表的食材で、仙力がつく**といわれているからです。

つくり方は簡単で、ホワイトリカー一・八リットルに、蜂蜜を一カップ、松葉を百五十グラム入れて、一カ月ほど置きます。

その後、松葉を取り除き、三カ月ほど寝かすと、飲めるようになります。

そうそう、三月三日には「桃花酒《とうかしゅ》」をいただいています。桃の花をお神酒に浮かべて飲むのですが、桃もまた、邪気を祓う代表的な植物です。

9 強力な開運エネルギーに満ちた「天赦日」

「天赦日《てんしゃにち》」という言葉を聞いたことはないでしょうか。

日本の暦の中で**「最高の吉日」**とされ、この日に起こしたことは全て、天がお赦《ゆる》しをくださるのだそうです。キリスト教でいう「免罪符」が全員に平等に配られるような日ですね。

罪は不運の源です。これを祓えるのですから、**強力な開運エネルギーが天赦日には満ち溢れている**ことになります。すばらしい大吉日ですね。

話は少しそれますが、日本の仏教や神道では、本当の意味で「罪を赦してくれる神仏」はいません。死後、地獄に落ちた時に救ってくださる神仏はいらっしゃいますが、罪の赦しを今すぐ与えてくれる（天赦してくれる）神仏は、実は見当たりません。

さらに、罪を赦す加持祈禱や護符もありません。

一方、中国の道教の神様に目を向けると、「地官赦罪大帝《ちかんしゃざいたいてい》」と「太乙救苦天尊《たいおつきゅうくてんそん》」という神様がおられます。ちなみに地官赦罪大帝は、龍王様の二番目のお孫様です。

この両神様が、罪を赦してくださる唯一の「免罪の神」なのです。

そこで私は、天赦日には、この両神様を描いた護符をつくり、日々の「罪の垢《あか》」を流すようにしています。

もちろん、婚姻届や出生届といった「おめでたい届け出」をこの日に重ねたり、結婚披露宴や開業、引越しといった人生の節目の行事から、手帳や財布の購入といった日常の事柄まで、**「何かを始める」のにも、いい日**ですね。神様が赦してくださるのですから!

「天赦日」は一年間に六日訪れる

では、「天赦日はいつ?」という疑問が出てくるでしょう。

立春から立夏の前日までの「戊寅《つちのえとら》」の日、立夏から立秋の前日までの「甲午《きのえうま》」の日、立秋から立冬の前日までの「戊申《つちのえさる》」の日、立冬から立春の前日までの「甲子《きのえね》」の日だといわれています。

そのため、一年間にだいたい六日、天赦日が訪れることになります。

といわれても、自分で割り出すのは面倒ですよね。

今では、インターネットなどで簡単にその日を検索できますが、昔は、暦(カレンダー)の下段に注釈として、しっかりと書かれていました。

そのため、暦の最下段に記載されている天赦日をはじめとする吉凶日を、昔は

「暦注下段《れきちゅうげだん》」と呼び、日々の行動の参考にしていました。

しかし「暦注下段」の中には、お葬式以外は何をしてもいけない、最悪の日とされる「受死日《じゅしにち》」や、それに次ぐ大悪日「十死日《じゅうしにち》」、「帰忌日《きこにち》」「血忌日《ちいみにち》」といった、日々の生活を妨げるものも少なくなく、時の朝廷や政府が何度か、禁止令を出したことがあるようです（現在、自治体などがつくるカレンダーや手帳に六曜《ろくよう》〈暦の注釈の一種。先勝《せんしょう》、友引《ともびき》、先負《せんぷ》、仏滅、大安、赤口《しゃっこう》の、六種類の日の性格を表わす〉などの注を入れることは、問題視されています）。

天赦日や受死日などは、六曜をさらに細かく、日の性格を強烈に示した注釈といえるでしょうから、気にする人は気にしてしまいますよね。

それでも、その日をハッピーに過ごせたり、何かのスタートを切る絶好の口実に利用できたりするのなら、私は大いに参考にしてもいいのではないかと思います。

同様に、「一粒万倍日《いちりゅうまんばいにち》」と呼ばれる、一粒《ひとつぶ》の出来事が万倍にもなるような吉日もあります。この日は、物事のスタートを切るだけでなく、宝くじを購入したり、銀行口座を開設したり、という人も多いようですね。

ただ、悪いことはその万倍返ってくるとされるため、注意が必要です。それが月に四~七日あるので……私はたまにしか参考にしていません。

ちなみに一粒万倍日は、その日が仏滅のような凶日と重なったら、そのネガティブエネルギーを半減する力があるともいわれています。

おわりに……「運気」には乗ってみよ、「難運」にも乗ってみよ

ある麻雀のプロの方が「ツキ」に関する持論を、本に書いていました。とても面白い本でした。

麻雀のプレーの最中には、どんな戦いの時でも一度はかならず「ツキ」が回って来るそうです。「ツキ」は「いい運気の流れ」といってもいいでしょう。その流れが来た時は、臆することなく大胆に勝負をかければ、かならず勝てると述べられていました。

「いい運気がやって来た時は、それに乗ること」

と、いうことなのですね。

逆に、いい流れが来ていても、それに乗らなければ何も起こらないともいえます。いい流れが来ていても、臆して守りに入れば、勝負には勝てないということ

です。いくら「今日の恋愛運は最高」と占いで出ていたとしても、「家で待っていたら、素敵な人がトントンとドアをノックして入って来る」などというタナボタは起こりません。

一方、気に入った服を着て街に繰り出したりすれば、素敵な人が声をかけてくるかもしれませんし、素敵な出会いがあるかもしれません。

このようなことを「運気に乗る」といいます。

東京から急いで名古屋に向かおうとして、東京駅でうっかり「こだま」に乗ってしまったとします。

そのままですと、名古屋まで三時間弱かかります。でも、ミスに気付いたのが新横浜駅で、隣のホームに下りの「のぞみ」が入構してくるアナウンスに気付いたとします。その時に、急いで「のぞみ」に乗り換えれば、一時間二十分ほどで名古屋に着けます。

一方、乗り換えなければ、二時間半ほど、こだまに乗っていなければなりません。「ミスに新横浜で気付いた」というのが「直感」であり、「のぞみに乗り換える」ことが「運気に乗る」ということです。

繰り返しますが、運気には乗らなければ何も起きません。様々な占いによって運気の流れは判断できますが、やはり、なんといっても正確なのは**「自身の直感」**です。直感で運気を感じたら、すぐに臆せずにそれに乗りましょう！

「それって、ハードルが高いかも」と思うことであっても、運気の流れが来ている時には、容易にそれを乗り越えられます。

その一方で、あまりうれしくない運気の流れ＝**難運**がやって来た時は、どう対処したらいいのでしょうか。

答えは、**「難運にも臆せず乗ってみましょう」**です。

え？　と思われた方も多いと思います。

悪い運への対処法ばかり説明されている本が、ほとんどですから。

運気は「川の流れ」のようなもの。流れに抵抗すればするほど、つらく苦しい思いをします。流れには、逆らわずに乗ってしまう方が楽です。流れに抵抗してもがけばもがくほど、体は沈んでしまいます。どんどん事態は悪くなっていきます。

しかしながら、体の力を抜いて抵抗しなければ、体は自然に水面に浮いてきます。抵抗しない、逆らわないのが最良の手なのです。

試練とは、「もうワンランク上のあなたに成長しなさい」という神様からのメッセージ。

神様は、決して乗り越えられない試練をお与えにはなりませんから、大丈夫ですよ。たとえば、今の私に「百億円の負債を抱える」などという試練は絶対に起きないように（笑）。

うまく「川の流れ」を乗りこなせた後には、ワンランク上のあなたが待っています。時間がたてば、よい思い出となることもあるでしょう。

私が尊敬する江戸時代の禅僧、良寛《りょうかん》様の言葉を紹介します。

「災難に逢う時節には災難に逢うがよく候《そうろう》。死ぬ時節には死ぬがよく候。是《これ》はこれ災難をのがるる妙法にて候」

災難にあってしまったら、それに抵抗せずに運命に身を任せてしまえば、結果として災難を逃れることができるということ。これぞ妙法ですね！

難運がやって来ても、素直に乗ってしまえば、「意外とたいしたことはなかった」と実感することでしょう。

そして、一回り大きく成長した自分に気がつくはずです。

大丈夫。あなたはきっと乗り越えられますから。

一宮　寿山

巻末付録

言霊パワーのある「祝詞《のりと》」

開運を招くアクションとして、まずは、「言霊パワーのある祝詞」を紹介しましょう。いずれも邪気を祓うパワーを持ちます。

日々の生活の中で、邪気を受けたと感じた時、清らかなパワーがほしい時、ピンときた祝詞を三回、唱えてください。

☆十言神咒《とことのかじり》：あまてらすおほみかみ

「あ・ま・て・ら・す・お・ほ・み・か・み」と唱える言霊です。

神道霊学の大家・友清歓真《ともきよよしさね》により、一般向けの神法として伝授されました。

広大無辺の神徳がいただけるとされています。

☆天津祓《あまつはらえ》：とおかみえみため

神道の占い、太占《ふとまに》に用いられているものです。五行（木・火・土・金・水）を司っている神様を「と　お　かみ　えみ　ため」の五語に配しています。一切の穢れを祓い、福寿をもたらすとされています。

☆布瑠《ふる》の言《こと》：ふるべ　ゆらゆらと　ふるべ

邇藝速日命《にぎはやひのみこと》が天照大御神から授かったとされる十種神宝《とくさのかんだから》を意味しています。「死者が蘇る」ほどの霊力があるとされています。

☆略拝詞《りやくはいし》：はらえたまえ　きよめたまえ　まもりたまえ　さきわえたまえ

神道において、穢れを祓う神様とされる、祓戸大神《はらえどのおおかみ》の神力がいただける祝詞です。唱えることで邪気が祓えるとされています。

招福折符《おりふ》

折符は、紙を折る過程が非常に大切です。できれば手を洗い、マスクをして、清浄な場所で折りましょう。時刻は空気の澄んだ午前中が好ましいでしょう。

1

B５の 1/4 サイズの
長方形の和紙を用意します

2

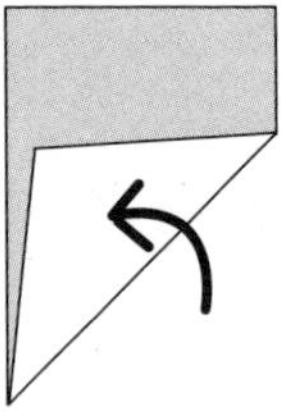

3

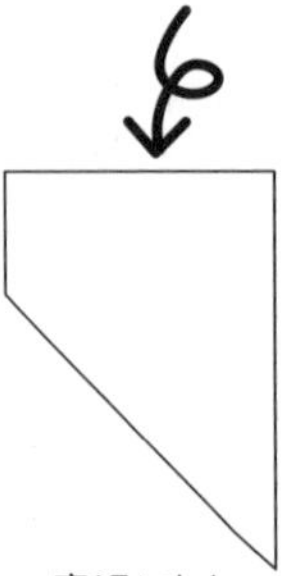

裏返します

4

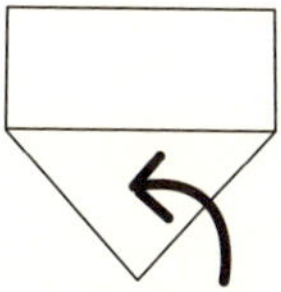

5

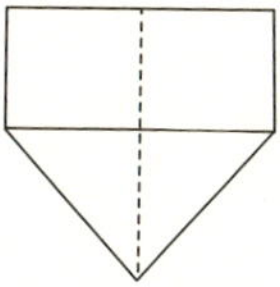

縦半分に折り目をつけます

6

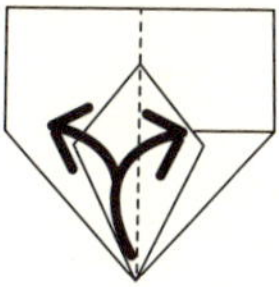

中央を左右に開きます

7

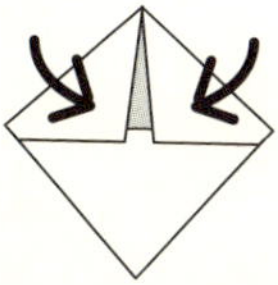

裏返して長方形の上辺の
角を内側に折ります

8

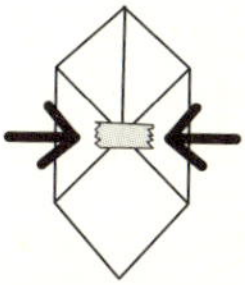

左右を内側に折ります
※両側を折ったところを
テープで貼り、固定しても
いいでしょう

9

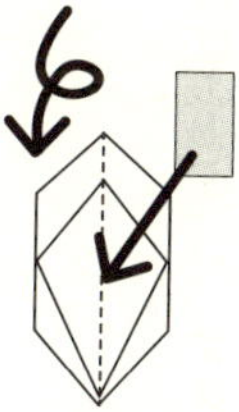

裏返したら完成です
※中央に、巻末付録の護符
をテープなどで貼り付けると、
護符の効果がより高まります

結《けつ》界《かい》包み

ちょっとしたお金を包む時や、手紙を書いた時、私はよく利用します。一度折った後、対象物を包み込むといいでしょう。

1

長方形の用紙、もしくは布を用意します

2

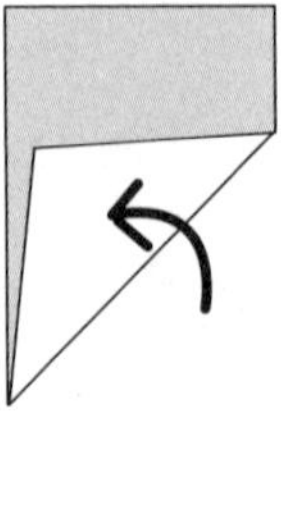

3

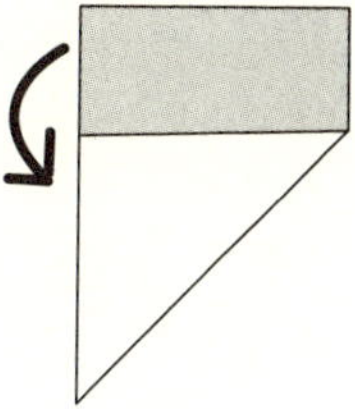

上部を折ります

4

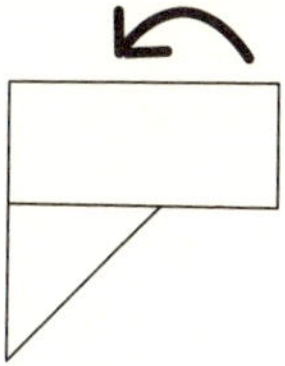

縦半分に折ります

5

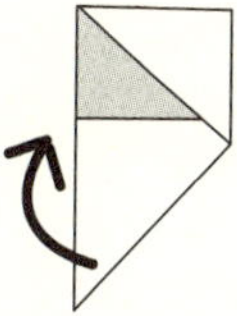

下部から上部へと
半分に折ります

6

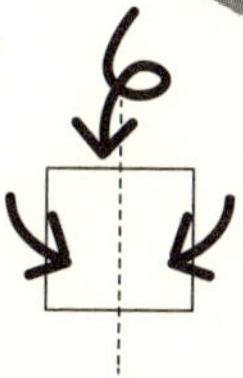

裏返して真ん中に
折り目をつけ、左
右から真ん中に
向かって折りたた
みます

7

裏返したら完成です

幸運をもたらす「招福護符《ごふ》」

この護符は、あなたのマイナス部分を補ってくれるパワーを秘めています。

切り取って使用してもいいですし、書き写してもいいでしょう。

お財布や名刺入れなど、自分が持ち歩いているものの中にこの護符を入れておけば、きっと幸運が訪れるはずです。

また、「招福折符」の中に護符を入れると、護符の効果がよりいっそう、高まります。

気力がアップする護符

哀しみを解放する護符

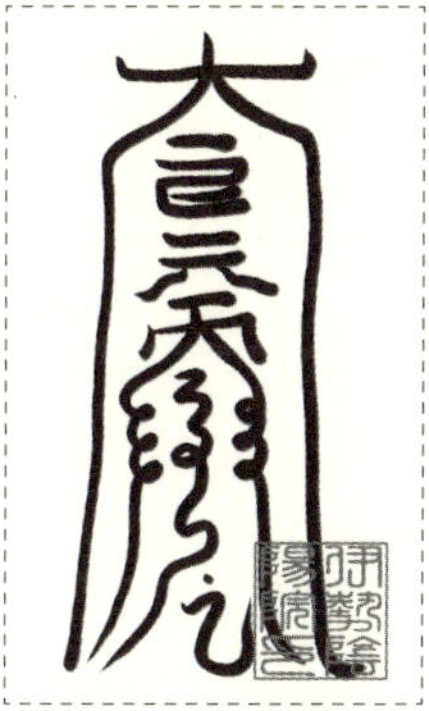

怒りを抑える護符

点線部分を切り取って
ご使用ください

今日も
素敵な1日に
なりますように。

依存性をなくす護符

相手の攻撃を避ける護符

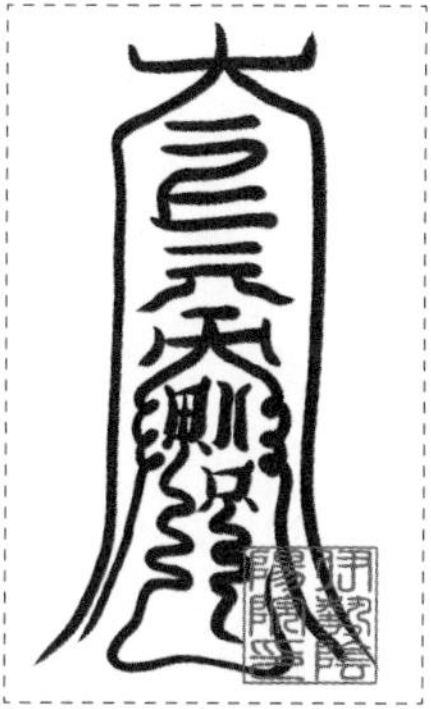

いじめがなくなる護符

本書は、本文庫のために
書き下ろされたものです。

伊勢《いせ》の陰陽師《おんみようじ》が教《おし》える「開運《かいうん》」の作法《さほう》

著者　一宮寿山（いちのみや・じゅざん）
発行者　押鐘太陽
発行所　株式会社三笠書房
〒102-0072 東京都千代田区飯田橋3-3-1
電話　03-5226-5734（営業部）03-5226-5731（編集部）
http://www.mikasashobo.co.jp
印刷　誠宏印刷
製本　ナショナル製本

ISBN978-4-8379-6834-4 C0130

王様文庫

王様文庫

いいことが次々やってくる!「神様貯金」

真印

「まるで、お金を積み立てて貯金をするように、『いいこと』をすれば、それに応じて、あなたの願いは次々と実現していきます」——1300年、邪気を払い続けてきた四国・松山のスピリチュアル一族が教える、絶対に幸せをつかむための、この世で最もシンプルな法則!

眠れないほど面白い『古事記』

由良弥生

意外な展開の連続で目が離せない! 「大人の神話集」! ●【天上界vs.地上界】出雲の神々が立てた〝お色気大作戦〟 ●【恐妻家】嫉妬深い妻から逃れようと〝家出した〟神様 ●【日本版シンデレラ】牛飼いに身をやつした皇子たちの成功物語 ……読み始めたらもう、やめられない!

「起こること」にはすべて意味がある

ジェームズ・アレン【著】
「引き寄せの法則」研究会【訳】

目の前に現われる出来事、人物、手に入るお金……! 『「原因」と「結果」の法則』ジェームズ・アレンの《実行の書》! ★「手放す」と見返りがやってくる ★達人は静かに歩む ★人生の主導権を握って、はなすな ——世界的ベストセラー訳し下ろし!

K30423